LE MASQUE DE HEGEL

Du même auteur

Échos de l'ego dans l'œuvre de Samuel Beckett
L'Harmattan, 1997

Le Vif du sens
Corps et poésie selon Maurice Scève
Droz, 2003

Paris et le nationalisme des avant-gardes : 1909-1924
Hermann, 2018

Fiction & Cie

Thomas Hunkeler

LE MASQUE DE HEGEL

Seuil
57, rue Gaston-Tessier, Paris XIXe

COLLECTION
« Fiction & Cie »
fondée par Denis Roche
dirigée par Bernard Comment

ISBN 978-2-02-156912-4

www.seuil.com

« Toute la vie a coulé dans mes rides
Comme une agate pour modeler
Le plus beau des masques funèbres. »

Paul ÉLUARD, *À toute épreuve*, 1930

« L'œuvre est le masque mortuaire de sa conception. »

Walter BENJAMIN, *Sens unique*, 1928

1.

Sa face a quelque chose de brut, de brutal presque : l'impression première est celle d'une masse épaisse et lourde. À peine visibles, ses traits sont comme estompés, gommés, à l'exception de la bouche qui semble vouloir exprimer une certaine fermeté, tout comme la lourde mâchoire. Les yeux que l'on devine à peine sont fermés, comme s'ils avaient sombré dans la masse du visage, sous les cernes ; seuls les sourcils, broussailleux, et le nez parfaitement droit donnent du relief à la figure. Le front, haut, porte la trace de quelques rares mèches de cheveux qui ressemblent étrangement à des rides verticales. Il y a quelque chose de fruste et de mal dégrossi dans cette figure. En allemand, j'utiliserais à ce propos le terme *grobschlächtig*, qui fait résonner, à côté de la notion de grossièreté, celle de *schlagen*, « battre », mais sous une forme désuète, *schlächtig*, que l'on retrouve de nos jours surtout dans l'appellation de celui qui abat les bêtes, le *Schlachter*. Serait-ce la face d'un boucher ?

Vu de côté, le visage change d'aspect. L'impression de brutalité disparaît, la lourdeur s'atténue dans la mesure même où les traits s'accentuent, au niveau des joues et du menton surtout. Ce qui de front apparaissait comme de la fermeté obtuse se présente désormais plutôt comme une sorte d'immersion en soi, de retrait. Pour caractériser cet effet, je serais presque tenté de convoquer la définition de la statuaire grecque classique proposée par Winckelmann, qui évoque une expression de « *noble simplicité et grandeur tranquille* ». Ce n'est plus du tout un visage de boucher qui se dégage, mais celui d'un sage qui repose, *tel qu'en Lui-même enfin l'éternité le change.*

Cet effet n'est pas le fruit du hasard. Il est au contraire recherché car nous sommes devant un masque mortuaire en plâtre censé conserver l'aspect du dernier visage d'un homme – beaucoup plus rarement d'une femme – tel qu'il se présente au moment du décès, ainsi celui de Georg Wilhelm Friedrich Hegel, mort en 1831 **(ill. 1 et 2)**. Son empreinte est précieusement gardée, en deux exemplaires, aux Archives littéraires allemandes de Marbach, près de Stuttgart, qui possèdent une importante collection de masques mortuaires, principalement d'écrivains, de musiciens et de philosophes allemands. Quand ils ne sont pas exposés, et ils le sont de plus en plus rarement, ces masques se trouvent rangés dans des étagères au sous-sol du bâtiment, abrités de la poussière par des rideaux. Notre époque semble avoir perdu l'intérêt pour ces représentations de morts célèbres. Ce qui naguère paraissait digne d'être collectionné et exposé, dans des contextes privés autant que publics, nous semble désormais relever d'un goût déplacé pour le macabre mâtiné de fétichisme. Ces masques, tout comme les derniers portraits ou photographies de personnes décédées, risquent fort, aujourd'hui, de choquer le public qui leur a substitué des photos gardant le souvenir des personnes défuntes lorsqu'elles étaient encore vivantes : *comme si* elles étaient toujours vivantes. Le *memento mori* est devenu, pour nous, un impératif désincarné, presque un appel à la jouissance, un quasi-synonyme du *carpe diem*.

Pourquoi, dans ces conditions, s'intéresser aux masques mortuaires, et en particulier à celui de Hegel ? Ce qui est certain, c'est que le masque de Hegel n'est pas un objet anodin, un simple bibelot appartenant à une époque désormais révolue. Comme nous le verrons, ce masque relate certes un chapitre du culte que le XIXe et le début du XXe siècle croyaient devoir à leurs grands hommes après leur mort, de la « *piété nécrophile* » (l'expression est de Jankélévitch) qui fut celle de nos sociétés jusqu'à une période récente ; mais il raconte surtout l'histoire des vivants qui ont cherché à s'approprier l'héritage, le capital et l'énergie dont ce masque était à la fois l'emblème et la trace tangible.

2.

C'est en parcourant la correspondance d'André Breton et Paul Éluard que j'ai découvert l'existence du masque mortuaire de Hegel. On y apprend qu'en janvier 1929, au moment où il vient de repartir de Paris à Arosa, dans les Grisons suisses, pour soigner sa santé, Éluard s'arrête à Bâle, ville frontière, pour envoyer à Breton un ouvrage qu'il vient de découvrir dans une librairie : le « *Totenmasken* », comme il l'écrit. Il s'agit du livre de l'historien de l'art allemand Ernst Benkard, *Das ewige Antlitz. Eine Sammlung von Totenmasken* (La Face éternelle. Une collection de masques mortuaires), paru pour la première fois en 1926 à Berlin. Enchanté, André Breton accuse réception de l'envoi le 5 février 1929 : « *Mon cher Paul, j'ai reçu avant-hier l'admirable livre dont tu m'avais parlé (Swift, Hegel, l'Inconnue de la Seine). Merci de tout mon cœur.* »

La fascination des surréalistes pour le masque de l'Inconnue de la Seine, cette jeune femme prétendument noyée dans le fleuve et dont le visage aurait été moulé par un employé de la morgue, est bien connue **(ill. 3)**. Depuis son évocation par Rilke dans les *Cahiers de Malte Laurids Brigge*, au tout début du XXe siècle, le sourire énigmatique de cette prétendue « Joconde du suicide » hante la littérature européenne, de Horvath à Nabokov et de Supervielle à Didier Blonde. Les surréalistes l'idolâtrent : pensons à *Aurélien* d'Aragon et aux célèbres photos du masque de l'Inconnue par Man Ray. Dans la lettre de Breton, le contexte immédiat dans lequel l'Inconnue apparaît a pourtant de quoi nous surprendre : Swift d'un côté, Hegel de l'autre.

Dans l'intention de mieux comprendre ce qui a pu fasciner Breton dans le livre de Benkard, je décidai d'en commander un exemplaire chez un antiquaire. À la réception de l'ouvrage, ma surprise fut cependant grande, obligé que j'étais de constater que si les masques de Swift et de l'Inconnue y étaient bel et bien reproduits, celui de Hegel n'y figurait pas. Je découvris rapidement que ce masque n'avait été ajouté qu'à la troisième édition augmentée de *Das ewige Antlitz* datant des premiers jours de 1929, laquelle venait de sortir des presses lorsque Éluard l'acheta à Bâle. Manifestement, c'est à cette occasion seulement que Benkard a pu intégrer les deux photographies, de face et de profil, du masque de Hegel. Le moulage était alors en mains privées, comme l'historien l'explique dans ses annotations : « *L'exemplaire reproduit est en la possession de M. Wolfgang Grözinger (Munich), qui l'a acquis auprès du mouleur viennois Antonopulo.* »

S'il n'est pas rare qu'on (re)découvre des masques mortuaires quelques années après la mort des personnes qu'ils représentent, l'apparition soudaine du masque de Hegel, deux ans seulement avant les commémorations du centenaire de sa mort, me parut bien curieuse. Ce masque avait-il vraiment été conservé depuis 1831 sans que le public en ait eu connaissance, et surtout sans que les proches, les élèves, les biographes du philosophe en évoquent même l'existence ? Que savons-nous de celui qui était alors son propriétaire ? Qui était celui qui le lui avait vendu ? À quel moment avait-on produit ce masque qu'aucun des biographes de Hegel ne semble avoir cru nécessaire d'évoquer ?

3.

Berlin, automne 1831. Depuis treize ans, Hegel est professeur à la Friedrich-Wilhelms-Universität, qui porte aujourd'hui le nom des frères Humboldt. C'est le couronnement d'une carrière académique qui l'a mené successivement de Tübingen, où il a fait ses études, à Iéna, Heidelberg et enfin à Berlin où il est nommé, à quarante-huit ans, à la chaire prestigieuse de philosophie, auparavant occupée par Johann Gottlieb Fichte. Sa renommée lui attire désormais de nombreux étudiants, en dépit de ses piètres qualités d'orateur. L'un de ses disciples,

Heinrich Gustav Hotho, qui participera plus tard à l'édition posthume des œuvres complètes en éditant ses *Leçons sur l'esthétique*, se souvient de la rencontre avec le maître : « *Je n'oublierai jamais la première impression donnée par son visage. Tous ses traits, pâles et mous, pendaient comme s'ils étaient morts ; ils ne reflétaient aucune passion dévastatrice, mais tout le passé d'une pensée silencieusement active nuit et jour. [...] Quelle dignité dans cette tête, quelle noblesse dans ce nez, dans ce front haut et voûté, dans ce menton calme.* » En revanche, Hotho apprécie moins la façon dont Hegel donne ses cours : « *Épuisé, la mine morose, il se tenait assis la tête baissée, replié sur lui-même, feuilletant constamment ses cahiers tout en discourant, cherchant sans arrêt, dans un sens puis dans l'autre, de haut en bas.* » En 1829, Hegel devint cependant recteur de l'université, pour une année, comme c'était l'usage.

Lorsque le choléra, cette « hydre asiatique » comme on l'appelle alors, atteint la Prusse en mai 1831, puis la ville de Berlin en plein été, Hegel, qui est conscient de sa santé fragile, quitte sa maison Am Kupfergraben, sise directement à côté de l'université, pour se réfugier dans une maison de campagne qu'il loue depuis l'année précédente à Kreuzberg, un village situé à l'époque hors de la ville proprement dite. Contrairement aux métropoles de Paris et Londres qui ont lancé dès le début du XIXe siècle de grands travaux d'aménagement pour augmenter les ressources en eau potable, la situation hygiénique de Berlin est à l'époque encore rudimentaire : peu de rues sont pavées et on continue de vider les eaux usées directement dans les rivières et les canaux. Les mesures de quarantaine et les cordons sanitaires rapidement mis en place par les autorités militaires ne suffisent pas à enrayer l'épidémie, qui fera en six mois un peu plus de 1 400 morts dans la capitale prussienne.

Dans une lettre à sa mère, Marie Hegel se réjouit cependant le 6 novembre 1831, après le retour de la famille en ville, du séjour à la campagne qui aurait fait du bien à son mari : « *Hegel fait surtout l'éloge du bon air pur si sain de là-bas. De retour en ville, il affirme se sentir comme un poisson qu'on aurait transporté de l'eau de source dans une eau stagnante.* » Le philosophe ne croit pas si bien dire. Quelques jours plus tard, le jeudi 10 novembre, il reprend ses cours à l'université, consacrés cette année-là à l'histoire de la philosophie et à la philosophie du droit ; le samedi, il fait passer quelques examens. Mais le dimanche, il a un malaise après le petit déjeuner, qui empire brutalement. Le lendemain, peu après cinq heures de l'après-midi, Hegel meurt, probablement d'une attaque foudroyante de choléra. C'est du moins l'avis des deux médecins traitants et par conséquent des autorités qui décident immédiatement de faire sceller puis de désinfecter la pièce où le philosophe est mort. « *Ces sages messieurs ont tout désinfecté,* écrit Marie Hegel, *car telle est la loi, ils ont emporté mes lits et ne m'ont rien rendu de ce qui se trouvait dans la chambre.* » Si l'on ne juge pas nécessaire d'isoler la femme de Hegel qui l'a pourtant soigné pendant ces deux jours, « *sans doute parce que personne ne croit à cette histoire de contagion* », pense-t-elle, une intervention ferme de l'influent conseiller ministériel Johannes Schulze sera nécessaire auprès des autorités pour éviter au philosophe un enterrement hâtif et nocturne au nouveau cimetière établi hors de la ville et réservé aux victimes de l'épidémie. Le 16 novembre, Hegel sera enterré, après une cérémonie à l'université, au Dorotheenstädtischer Friedhof de Berlin Mitte, à côté de Johann Gottlieb Fichte.

Vu les conditions dramatiques de la mort de Hegel en pleine période épidémique, on voit difficilement comment un mouleur aurait pu procéder au prélèvement d'un masque mortuaire. Dans aucune des lettres qui retracent les derniers instants du philosophe, et elles sont assez nombreuses, il n'est d'ailleurs fait mention d'une telle action qui, de toute évidence, aurait été illégale. Le principal souci de la famille et des proches de Hegel était alors de lui permettre un enterrement digne, et non de procéder au moulage d'un masque mortuaire. Cela dit, il aurait été tout à fait possible, et sans doute probable dans le contexte de l'époque, d'envisager la production d'un masque mortuaire du philosophe si les conditions sanitaires ne l'avaient pas expressément interdit. Au moment de sa mort, Hegel était en Allemagne une figure publique importante, ce dont témoignent les nombreux tableaux, dessins et médaillons sur lesquels il est alors représenté. Rappelons aussi qu'avant l'invention de la photographie, les masques mortuaires servaient souvent de patron aux bustes que l'on aimait fabriquer, habituellement en transformant la face du mort, avec ses yeux clos, en un portrait *in vivo* sur lequel il était représenté les yeux ouverts.

Une lettre découverte dans les années 1980 par le théologien Stephan Bitter montre de façon exemplaire à quel point les contemporains de Hegel auraient souhaité être en possession du masque mortuaire de ce dernier. Rédigée le 18 janvier 1836 par le pasteur et philosophe Johann Eduard Erdmann, un ancien disciple de Hegel, à la suite d'une visite faite à un ami et compatriote balte, Karl Konstantin Kraukeling, qui était alors directeur du musée historique de Dresde, la lettre contient des informations précieuses au sujet de l'éventuelle existence d'un masque mortuaire du philosophe. En effet, après avoir remercié son hôte de son aimable accueil et notamment de la visite guidée de sa collection de masques mortuaires et de moulages de crânes, Erdmann se voit obligé d'informer son correspondant, qui paraît lui avoir demandé de lui procurer à Berlin d'autres objets pour sa collection, que sa recherche a été vaine : « *Je commencerai par le fait qu'il n'existe aucun masque mortuaire de Hegel.* » Si l'on ne sait pas qui lui a fourni ce renseignement, les excellentes relations qu'Erdmann entretient avec plusieurs proches de Hegel, notamment avec le conseiller Johannes Schulze, quatre ans seulement après la mort du philosophe, semblent en mesure de garantir la fiabilité de cette information capitale. Mais dans ce cas, d'où vient le masque conservé aux Archives de Marbach ?

4.

La collection de masques mortuaires déposés aux Archives littéraires allemandes s'est constituée peu à peu, dans les premières années du XXe siècle. Créé en 1903, le Schiller-Nationalmuseum (qui fusionnera après la Seconde Guerre mondiale avec les Archives littéraires allemandes fondées en 1955) est alors pensé comme un lieu de mémoire en l'honneur de Friedrich Schiller, né en 1759 à Marbach, sur les bords du Neckar. En 1908 et 1920, le musée réussit à acquérir deux exemplaires « originaux » du masque mortuaire du poète et dramaturge : ils ont été moulés directement d'après le négatif produit par le sculpteur Ludwig Klauer au lendemain de la mort de Schiller à Weimar, le 9 mai 1805. Avec les années, la collection s'accroît peu à peu, par dons et acquisitions, pour atteindre, au moment de la dernière grande exposition publique en 1999, près de trois cents objets, parmi lesquels non seulement des masques mortuaires, mais aussi des moulages de visages *sur le vif* et des empreintes de mains. En 1931 cependant, au moment où le Schiller-Nationalmuseum acquiert le masque de Hegel, sa collection est encore bien modeste, comparée aux plus grandes collections que sont alors celles des phrénologues Franz Joseph Gall (conservée à Bade près de Vienne et à Paris) et Carl Gustav Carus (Dresde), ainsi que celles du Musée historique de la ville de Vienne et de la Royal Society à Londres, mais aussi au regard de l'importante collection privée de l'essayiste américain Laurence Hutton, léguée après sa mort à la bibliothèque de l'université de Princeton, ou à celle du libraire et antiquaire allemand Walter Krieg.

Si l'usage de collectionner des masques mortuaires date essentiellement du XIXe et de la première moitié du XXe siècle, celui de produire de tels masques est en revanche fort ancien. On peut penser aux masques funéraires en or retrouvés à Mycènes, qui datent du XVIe siècle avant J.-C., dont celui qu'on dit être d'Agamemnon ; aux masques funéraires égyptiens attachés à des momies, comme le furent les célèbres portraits du Fayoum auxquels Jean-Christophe Bailly a consacré un essai lumineux ; aux *imagines* des Romains, ces masques en cire des ancêtres familiaux dont Pline l'Ancien rappelle qu'ils étaient exposés dans les atriums des maisons privées et rituellement promenés à l'occasion, notamment, d'enterrements de membres de leur famille. Plus tard, au seuil de la modernité, les masques mortuaires font partie de rites d'obsèques très élaborés, d'une durée de plusieurs jours ou semaines, lors desquels on exposait et faisait défiler les effigies des rois défunts sous la forme de mannequins sur lesquels on avait placé un masque, souvent de cire, pour lui donner un aspect vivant. Les rares masques mortuaires datant d'avant 1750 qui ont été conservés ont ainsi en commun d'appartenir pour leur grande majorité à des rites funéraires. Le plus souvent, le fait qu'ils ont été conservés relève quasiment de l'accident, dans la mesure où ils avaient rempli leur fonction au moment où le corps trouvait son dernier repos. Souvent même, ils étaient enterrés avec lui.

Une anecdote, sans doute controuvée, illustre le rapport ambivalent aux effigies royales en France à la fin de l'Ancien Régime. À l'automne 1793, à la suite d'un décret de la Convention nationale, la nécropole des rois de France à Saint-Denis est pillée, les tombes ouvertes, les cadavres profanés. Le cercueil en chêne d'Henri IV, mort en 1610, est fracassé à coups de marteau, et l'on y découvre, selon des témoignages de l'époque, son corps conservé, les traits du visage étant encore

« *parfaitement reconnaissables* ». Si l'on en croit la rumeur, quelqu'un aurait alors pris une empreinte en plâtre du visage du roi avant que le cadavre ne soit jeté dans la fosse commune. Le masque d'Henri IV aujourd'hui conservé à la bibliothèque Sainte-Geneviève passe, aux yeux de certains, pour ce moulage de 1793, même s'il est bien plus probable qu'il s'agisse simplement d'un nouveau moulage, de surcroît fortement retouché, produit à partir de l'empreinte originale prise à l'occasion des funérailles de 1610.

Dans son ouvrage, l'historien de l'art Ernst Benkard parle des moulages datant de la période de l'Ancien Régime comme d'autant de précurseurs ou d'« *incunables* » des masques mortuaires plus récents. Certains de ces masques ont en réalité un statut difficile à établir, comme le souligne Georges Didi-Huberman lorsqu'il affirme que des objets comme le masque funéraire de Laurent de Médicis (reproduit par Benkard) ou le *Buste de femme* du musée du Bargello à Florence, qui a visiblement été fabriqué à partir d'un masque mortuaire, ne sont « *ni vraiment funéraires, ni vraiment votifs, mais emprunt[e]nt aux deux pratiques leurs moyens et une partie de leurs significations* » ; ils relèveraient en somme, comme l'*imago* romaine, d'une « *fonction généalogique* ». L'idée que le moulage mortuaire serait dans ce cas le simple adjuvant de l'art sculptural, comme le pense Benkard, est battue en brèche par Didi-Huberman, qui voit au contraire dans l'empreinte la muette et obscure « *contrepartie* » refoulée de l'histoire de l'art.

Ce qui est certain, c'est que c'est seulement dans le dernier quart du XVIIIe siècle que l'usage de produire des masques mortuaires commence à s'émanciper des pratiques funéraires d'une part, du simple rôle d'adjuvant sculptural de l'autre, pour devenir un objet que l'on fabrique, conserve et collectionne pour lui-même, dans un élargissement significatif de la fonction généalogique, puisque sa présence est désormais attestée en dehors du seul cercle familial. L'exemple du masque de l'écrivain allemand Gotthold Ephraim Lessing, mort en 1781, est à cet égard instructif, puisqu'il s'agit sans doute d'un des premiers moulages effectués à des fins de commémoration collective, comme l'atteste une fiche collée sur le verso d'une copie du masque conservée au Goethe-Nationalmuseum à Weimar. On y lit qu'il aurait été produit à la demande du poète Johann Ludwig Wilhelm Gleim, dit « l'Anacréon allemand », qui fut à l'époque en contact étroit avec Lessing. Une telle destination à caractère mémoriel n'exclut pas d'autres usages plus instrumentaux, comme le met en évidence un autre document dans lequel le mouleur lui-même, Christian Friedrich Krull, reconnaît que l'empreinte du visage, jointe à des portraits de Lessing, servait à ses yeux d'abord à produire un buste fidèle. « *Plusieurs amis du grand homme m'ont encouragé à produire des moulages en plâtre de ce buste* », ajoute-t-il. Pour lui, contrairement à Gleim, il n'entrait pas en ligne de compte de produire également des copies du masque mortuaire lui-même.

C'est dans le sillage de la Révolution française que le masque mortuaire gagne peu à peu les milieux bourgeois, passant ainsi « *de la relique au bibelot* », comme on le lit dans le catalogue de l'exposition *Le Dernier Portrait* du musée d'Orsay en 2002. La guillotine a d'ailleurs sans doute encouragé le recours à la pratique du masque mortuaire. Rappelons que Marie Grosholtz, qui prendra plus tard le nom de Madame Tussaud, était la nièce par adoption d'un céroplaste allemand, Philipp Kurtz dit Curtius, lequel s'était installé à Paris en 1765 pour y monter un cabinet de portraits en cire. Dans ses mémoires, Marie Tussaud raconte les conditions rocambolesques dans lesquelles elle aurait réalisé certains de ses moulages à partir de têtes fraîchement coupées, notamment le masque de Robespierre. On fit également appel à elle pour mouler le visage de Marat après son assassinat, le 13 juillet 1793. Ces deux masques ont fréquemment été reproduits, certes moins que celui de Napoléon pour lequel le mouleur Francesco Antommarchi alla jusqu'à lancer en 1833 une édition par souscription. Le roi Louis-Philippe lui-même fit commander pas moins de trente exemplaires du masque, dont cinq en bronze.

En Allemagne et en Autriche, c'est au culte du génie, né dans le contexte du *Sturm und Drang*, que l'on attribue la vogue du masque mortuaire dès les dernières années du XVIIIe siècle. Les masques conservés de Lessing (1781), Schiller (1805), Haydn (1809), Wieland (1813), Weber (1826), Beethoven (1827) et Arnim (1831) – ce dernier masque avait d'ailleurs longtemps été pris pour celui de Kleist – témoignent de la dévotion de la bourgeoisie éclairée pour les grandes figures de la vie de l'esprit. Objets d'un culte laïque, ces moulages furent souvent copiés et existent pour la plupart en de nombreux exemplaires. Avant d'être conservés par des musées, les masques furent exposés dans des contextes privés comme autant de « *monuments de chambre* » (l'expression est de Reiner Sörries) représentant le lien spirituel entre le propriétaire du masque et le génie défunt.

Rares étaient alors les personnalités qui, comme Goethe, récusaient catégoriquement l'idée de masque mortuaire. En 1813, à l'occasion de l'enterrement du poète Christoph Martin Wieland, un contemporain se souvient que Goethe aurait ainsi violemment rejeté l'idée de garder comme dernière image d'un homme celle de son visage mort : « *Pourquoi devrais-je laisser détruire les impressions aimées des traits du visage de mes amis et amies par la défiguration d'un masque ? Il y a là quelque chose d'étranger, de totalement faux qui s'impose à ma capacité d'imagination.* [...] *La mort est un très médiocre portraitiste.* Pour *ma part, je souhaite conserver dans ma mémoire une image de mes amis qui ait plus d'âme que de tels masques.* » Précisons cependant que Goethe ne parle pas ici des moulages mortuaires proprement dits, mais du masque en lequel la mort transforme la face d'un être qui vient de mourir. En revanche, cette attitude sceptique n'a pas empêché le poète d'exposer chez lui le crâne de Schiller et plusieurs masques mortuaires, notamment celui du Tasse acheté durant son séjour à Rome en 1787. Dans son *Journal de voyage*, le poète se souvient de sa visite au cimetière Sant'Onofrio sur le Janicule où le Tasse est enterré, et surtout du buste de ce dernier qu'il avait pu admirer dans la bibliothèque du couvent : « *Le visage est en cire, et je suis disposé à croire qu'il a été moulé sur le cadavre. Il est un peu mou et a subi quelques altérations ; mais à tout prendre, il annonce mieux qu'aucun portrait du Tasse un homme plein de génie, tendre, délicat et renfermé en lui-même.* » Le jugement du poète au sujet du masque mortuaire, on le voit, est ici plus nuancé. Nous savons aussi que Goethe a fait faire, de son vivant, deux empreintes de son visage, en 1807 puis à nouveau en 1816. Par une ironie du sort, le second masque a souvent été interprété comme le masque mortuaire du poète, sans doute parce qu'on avait coutume de l'exposer à côté de celui de Schiller.

5.

Hegel aurait-il apprécié l'idée qu'après son décès, on s'empresse de prélever une empreinte de son visage ? On peut en douter. Ce qui est certain, c'est que dans sa biographie, on ne trouve aucune évocation d'un moment où l'on aurait obtenu du philosophe un moulage *sur le vif*, comme de Goethe ou encore de Beethoven duquel nous possédons, à côté de son masque mortuaire, une empreinte de 1812 prise par le sculpteur autrichien Franz Klein qui devait servir de modèle à un buste du compositeur. Ni le buste de Hegel sculpté en 1826 par Ludwig Wilhelm Wichmann ni le médaillon produit en 1830 par le jeune Friedrich Drake, les deux d'un goût empreint de classicisme, ne sont issus d'un moulage.

En réalité, l'opinion tranchée de Hegel au sujet de la physiognomonie et de la phrénologie, telles qu'il les discute dans sa *Phénoménologie de l'esprit* de 1807, augure mal d'un éventuel intérêt, de la part du philosophe, pour les masques mortuaires. Hegel y laisse au contraire clairement transparaître son manque de goût pour ce genre de « *pseudo-savoir conjecturé* ». Comme Lichtenberg avant lui, qui, dans son traité *Sur la physiognomonie ; contre les physiognomonistes* de 1778, avait pris position contre les théories de Lavater, Hegel rejette l'idée qu'il y aurait une analogie naturelle entre la forme du visage et l'esprit. S'érigeant contre l'idée des physiognomonistes selon laquelle le visage serait la *réalité effective* (Wirklichkeit) de l'homme, Hegel affirme au contraire sa conviction que c'est l'acte seul qui constitue l'homme : « L'être vrai (das wahre Sein) *de l'homme est bien plutôt son acte ; c'est en cet acte que l'individualité est* effective (wirklich) [...] ; *l'individualité se présente* [...] *dans l'action comme l'essence* négative qui n'est *qu'en abolissant de l'être.* »

La même condamnation s'étend chez Hegel aux phrénologues qui, comme Franz Joseph Gall ou Carl Gustav Carus dont les travaux connaissent à cette époque un immense succès public, se proposent d'étudier le « *langage des crânes* » en distinguant, au niveau des bosses et des méplats de la boîte crânienne, un certain nombre d'aires fonctionnelles. À l'instar de Lavater, Gall et Carus s'intéressent en particulier aux figures exceptionnelles : les génies d'une part, les aliénés et les criminels de l'autre. Dans l'intention de documenter leurs théories, tous les trois se penchent ainsi sur des moulages de têtes et de crânes qu'ils se mettent à collectionner. Dès 1778, dans ses *Fragments physiognomoniques* publiés à Leipzig, Lavater avait ainsi recommandé aux physiognomonistes en herbe d'étudier des « *moulages en plâtre, vrais et immuables* » de personnes décédées, qui avaient l'avantage non négligeable de présenter pour ainsi dire la version définitive d'un visage : « *La détermination de leurs traits est plus aiguë qu'auprès de personnes vivantes ou de dormeurs. Ce que la vie rend chancelant, la mort le fixe. Ce qui est indéterminé sera déterminé.* » Le conseil de Lavater d'établir des collections de crânes de personnalités connues fut suivi à la lettre par Gall et Carus : ce sont leurs collections de moulages qui sont à la base de celles qui sont conservées aujourd'hui au musée Rollett de Bade près de Vienne, au musée de l'Homme à Paris et au Museum für Völkerkunde de Dresde. Au cours du XIXe puis du XXe siècle, les masques des « génies » viennent se mêler à des moulages de visages et de crânes provenant de peuples extra-européens d'une part, d'aliénés et de criminels de l'autre, la physiognomonie et la phrénologie trouvant leur champ d'application désormais prioritaire dans l'anthropologie, la médecine et la criminologie. De ce glissement témoigne par exemple le Museo di Antropologia criminale de Turin, qui expose la collection de Cesare Lombroso constituée durant la seconde moitié du XIXe siècle.

Pour Hegel, qui dans sa *Phénoménologie de l'esprit* décrit le crâne comme un simple *caput mortuum*, comme un résidu sans valeur, seul le cerveau relève de l'être vivant. « *L'os crânien,* souligne-t-il, *n'est pas un organe de l'activité, ni non plus un mouvement qui parlerait ; on ne vole pas, on n'assassine pas avec l'os crânien, pas plus qu'il n'esquisse, à l'appui de ce genre d'actes, la moindre mimique qui le ferait devenir geste éloquent.* »

Et Hegel d'ajouter, à l'un des rares endroits de sa *Phénoménologie* où il daigne donner un exemple concret : « *On peut certes, y compris en présence d'un crâne, comme Hamlet en présence de celui de Yorick, laisser surgir en soi toute une série d'idées, mais l'os crânien pour lui-même est une chose si indifférente et si ingénue, qu'il n'y a immédiatement chez lui rien d'autre à voir et présumer que lui-même.* » Je m'imagine mal, face à de telles remarques, que Hegel aurait pris plaisir à voir l'empreinte de son visage figurer dans les collections des physiognomonistes, posée à côté d'autres moulages de têtes et de crânes, fussent-ils ceux de Napoléon ou de Schiller.

6.

Mais dans ces conditions, d'où vient le masque conservé à Marbach ? Une première prise de contact avec la conservatrice des archives ne m'avança guère dans mes recherches. Fort aimablement, elle se contenta de me renvoyer à la fiche de l'objet (numéro d'inventaire 4955) qui indique que le masque, de 23,7 cm de hauteur, 15,4 cm de largeur et 11 cm de profondeur, est fabriqué en plâtre, qu'il est pourvu d'une bordure brune et porte une sorte de couverture jaunâtre. La notice précise qu'il s'agit du « *moulage d'un original introuvable* » et ajoute prudemment : « *L'identité de la personne représentée et la question de savoir s'il s'agit d'un moulage sur le vif ou d'un masque mortuaire ne peuvent pas être clarifiées définitivement, dans la mesure où le prélèvement ou la conservation d'un original ne sont pas attestés. Selon Stephan Bitter, il n'y aurait pas eu de masque mortuaire de Hegel. La fermeté des traits du visage et la ressemblance avec des portraits parlent en faveur d'un moulage sur le vif de G. W. F. Hegel.* » Cette dernière remarque est cependant contredite par la rubrique « *Période de production* », qui porte la mention laconique « *1831 (original)* ». Voilà qui est déroutant. À en croire ces indications, le masque daterait donc bien de l'année de la mort de Hegel tout en étant un masque pris sur le vif. Sur quoi se fondent ces renseignements qui semblent passablement contradictoires ?

Une dernière indication notée sur la fiche nous fournit peut-être une explication. On y lit en effet que le masque aurait été acquis par le musée en 1931 en provenance d'un certain « *W. Grözinger* » de Munich. Il s'agit donc du même masque, et surtout du même moulage que celui que l'historien de l'art Ernst Benkard avait reproduit dès la troisième édition de son ouvrage *Das ewige Antlitz*. Or Benkard s'était montré dans son livre tout à fait convaincu de l'authenticité du masque. « *Pour des raisons iconographiques, on ne peut pas douter de l'authenticité du masque, mais on peut remarquer qu'on a affaire à un moulage tardif. Peut-être que sa publication permettra que l'original et son lieu de conservation soient à nouveau connus.* » Le masque qui appartenait alors à Wolfgang Grözinger est bien, selon Benkard, celui de Hegel, mais il ne s'agit sans doute pas du masque « original » si l'on entend par ce terme le premier moulage fait à partir du visage, qu'il soit mort ou vivant. Si, en 1929, Benkard penche encore en faveur d'une identification comme masque mortuaire, le musée lui-même a décidé, à un moment ultérieur, de tenir compte des découvertes de Stephan Bitter en se prononçant désormais en faveur de l'idée d'un moulage sur le vif. Il reste que pour Benkard comme pour le musée, la ressemblance du moulage par rapport aux autres portraits conservés de Hegel parle clairement en faveur de l'authenticité du masque.

À ce stade de ma recherche, il me parut impératif d'examiner de mes propres yeux le masque du philosophe. Je pris rendez-vous avec la conservatrice qui, toujours aussi aimable, se déclara d'accord de m'accueillir aux Archives littéraires de Marbach quelques jours plus tard pour me montrer l'objet tout en me prévenant que la partie muséale de l'institution était fermée pour travaux. Arrivé au cœur du parc de la Schillerhöhe qui surplombe la ville, j'eus du mal à trouver l'entrée des archives qui se cachent dans un bâtiment sobre en béton brut, au premier abord peu visible à côté du coquet châtelet de 1903 qui héberge le Musée national Schiller et du bâtiment de 2006 en forme de temple, dû à l'architecte anglais David Chipperfield, qui abrite habituellement les expositions de littérature moderne.

Une fois l'entrée trouvée, tout alla très vite. La conservatrice m'invita à m'enregistrer comme visiteur puis me mena sans tarder dans les souterrains du bâtiment où sont stockés toutes sortes d'objets en lien avec la littérature, parmi lesquels près de quatre cents masques mortuaires et autres moulages. Muni de gants blancs, je pus enfin mettre la main sur le masque de Hegel – ou plus exactement sur les deux exemplaires que le musée en possède : le masque « original » acquis en 1931 avec sa patine brune, et sa copie toute blanche que l'on avait fait fabriquer, m'apprit-elle, en 1952. Cela dit, l'objet s'avéra – il fallait sans doute s'y attendre, mais je fus déçu – peu instructif quant à son origine. Lorsque je retournai le masque original, il se borna à dévoiler sa facture quelque peu primitive, car en lieu et place du plâtre lisse qui est celui de la plupart des autres masques que j'avais pu observer, le verso du masque de Hegel montrait qu'il avait été fabriqué sans beaucoup de soin, d'un mélange de plâtre, de ciment et de gros galets apparents. Le numéro d'inventaire y était inscrit au crayon, ainsi que le nom du philosophe : « Hegel G. W. F. » C'était tout.

Après avoir remis le masque à sa place, nous quittâmes le souterrain pour aller examiner le registre des acquisitions des archives : il confirma que le masque avait été acquis le 28 décembre 1931 d'un certain Wolfgang Grözinger, domicilié à la Walhallastraße 14 à Munich, au prix de 150 Reichsmark – ce qui serait l'équivalent, de nos jours, d'environ 700 euros. Mais qui était ce Wolfgang Grözinger, lequel, après avoir permis à Ernst Benkard de faire figurer le masque de Hegel dans son ouvrage, avait fini, deux ans plus tard, par le vendre à ce qui était alors le Schiller-Nationalmuseum, à la toute fin de l'année qui commémora les cent ans de la mort du philosophe ?

7.

Après quelques tentatives infructueuses, ma recherche déboucha sur un Wolfgang Grözinger né en 1902 dans la petite commune de Grevenbroich, près de Düsseldorf, et qui pendant quelques semestres avait fait des études à Munich, en histoire de l'art (chez Heinrich Wölfflin), en études théâtrales et en langue et littérature allemandes. De 1925 à 1927, Grözinger séjourne à Vienne où il étudie la théorie de la musique chez le musicologue Egon Wellesz. De retour en Allemagne, il écrit des articles pour le journal de la radio allemande à Berlin ainsi que plusieurs pièces de théâtre, avant de recommencer en 1938 des études à Munich, cette fois-ci en philosophie, psychologie et pédagogie.

Mais était-ce bien lui qui, en 1931, avait vendu le masque de Hegel au Schiller-Nationalmuseum ? Le simple fait que Grözinger se soit intéressé à Hegel durant la guerre est, il faut bien le reconnaître, un indice assez mince. Cela dit, son séjour prolongé à Vienne de 1925 à 1927 lui aurait facilement permis d'y acquérir le masque du philosophe puisque Benkard, qui publie la reproduction du moulage au tout début 1929, affirme que c'est bien un mouleur viennois qui l'aurait vendu à Grözinger. Pour en avoir le cœur net, je me mis à la recherche d'éventuels héritiers du premier propriétaire du masque, en l'occurrence de sa fille Verena. Lors de notre entretien, la fille de Grözinger se montra malheureusement incapable de confirmer que c'était bien son père, mort en 1965, qui avait été en possession du masque de Hegel. En revanche, elle se souvenait très bien de la Walhallastraße à Munich où elle avait passé une bonne partie de sa jeunesse – la piste était donc la bonne. Elle m'informa aussi que Grözinger s'était manifestement intéressé de près à de tels masques puisqu'il avait fait faire, à un moment donné, une empreinte en plâtre de son propre visage, laquelle était toujours en possession de la famille. Ce moulage doré, dont elle s'empressa de me faire parvenir quelques photographies, montre un homme plutôt jeune, peut-être dans la trentaine. D'après sa fille, Grözinger aimait raconter en riant qu'il avait cru étouffer lors du prélèvement de ce masque, l'un des petits tuyaux permettant, lors de la procédure, de respirer à travers le nez s'étant obstrué. Pour un peu, le masque pris sur le vif se serait ainsi transformé en un masque mortuaire.

Une autre membre de la famille, Heidrun Rotermund, s'est intéressée aux écrits de Wolfgang Grözinger. Non seulement elle a édité les recensions littéraires que Grözinger a consacrées après la guerre au roman international contemporain, mais elle s'est aussi occupée de son fonds d'archives. Elle y a trouvé notamment une photo qui montre la première épouse de Grözinger, Ella, tenant entre ses mains le masque en plâtre de son mari. Un billet de train qui y est attaché permet de dater la photo de la fin des années 1920, tandis qu'une inscription sur le verso identifie selon toute vraisemblance le mouleur du masque, à savoir l'archéologue munichois Julius Paul Arndt, qui travaillait alors au musée des Moulures de sculptures antiques. Les mêmes archives familiales contiennent aussi un article inédit que Grözinger avait rédigé à l'occasion de la commémoration de la mort de Hegel en 1931, et dont on m'envoya une copie. Si Grözinger n'y mentionne point le masque mortuaire du philosophe, il insiste sur la nécessité, surtout pour l'Allemagne des années 1930, de redécouvrir le philosophe dont l'œuvre aurait été occultée par celle de Schopenhauer : « *Notre époque est placée sous le signe de Hegel* », y affirme-t-il. « *Aujourd'hui, nous vivons dans notre chair* le revirement en son contraire ; *à l'action de la Guerre mondiale et du boom économique s'oppose la* réaction *qui imprime de plus en plus sa marque en nous. La Russie, cet autre enjeu de notre temps, lit désormais Hegel sur ordre de Lénine, et les apôtres du communisme se forgent leurs armes à partir de sa dialectique.* »

Si l'article en question ne fait qu'esquisser de telles idées, la thèse de doctorat que Wolfgang Grözinger rédigea après avoir été mobilisé comme soldat de la Wehrmacht lors de la campagne de Pologne en 1939 est dédiée dans sa totalité à la question des rapports entre « *Hegel et le marxisme* ». Grözinger, stationné à partir de 1940 comme quartier-maître de la Wehrmacht près de Lindau, sur les bords du lac de Constance, semble avoir eu le loisir d'y développer ses idées au sujet de la réception marxiste de Hegel. À la lecture de sa thèse, on se demande cependant jusqu'à quel point il se croit alors obligé de sacrifier à la pensée « *völkisch* » du national-socialisme en affirmant à plusieurs reprises que la lecture que Marx propose de la philosophie hégélienne ne peut être que le fait d'un juif « *membre d'une pensée populaire morte depuis longtemps* ». Soutenue le 18 janvier 1945 à l'université de Munich, alors que la fin de la guerre est proche, la thèse que Grözinger a consacrée à la réception marxiste de Hegel vaudra à son auteur l'avantage de pouvoir donner des cours sur le philosophe durant la période où il sera interné comme prisonnier de guerre au camp américain de Saint-Avolt en Lorraine avant d'être relâché quelques mois plus tard.

8.

Wolfgang Grözinger n'est pas le seul à avoir eu l'idée de faire faire une empreinte de son visage. À cette époque, les journaux allemands et autrichiens se plaisent en effet à présenter à leur lectorat non seulement des masques mortuaires d'hommes célèbres, mais aussi des reportages sur la production de tels moulages. Dans le *Jeversches Wochenblatt*, le journaliste Alfred Bohnagen publie par exemple en 1927 un article dans lequel il retrace par le détail le processus de production. Tout commence par la préparation du visage :

> *Toutes les parties poilues, à savoir le cuir chevelu, les tempes, les sourcils et la moustache, sont recouvertes de bourrelets de bon beurre. Les poils de la barbe, les mèches de cheveux ou d'autres parties saillantes sont également enduits de beurre, sinon on ne réussira pas à détacher le masque. Les cheveux ondulants sont badigeonnés de beurre, les trous du nez et des*

oreilles obstrués par des bouchons d'ouate couverts de beurre, les pavillons des oreilles recouverts de beurre par-derrière. Dès que tout le visage est lui aussi enduit d'une fine couche de beurre, la procédure du moulage peut commencer. À cette fin, on entoure la tête du mort d'une serviette repliée qui formera l'arrière-plan, puis on dépose sur le visage un fil graissé qui va du front au menton en passant par les yeux, le nez et la bouche, en le rattachant de part et d'autre à la serviette. Pour que ce fil ne change pas de position, on le fixe à l'aide de petites mottes de beurre. Voilà la forme préparée.

Commence alors le travail de moulage proprement dit :

Au moyen d'un long pinceau, on enduit le visage préparé très prudemment de plâtre de moulage et ensuite d'une couche de quelques millimètres de plâtre liquide. De part et d'autre du fil, on pose sur le plâtre encore mou des bandages de mousseline en prenant soin de recouvrir chaque moitié du visage, afin de renforcer ainsi le masque trop fragile au moyen d'une structure fibreuse. On recouvre ceux-ci à nouveau d'une fine couche de plâtre, de sorte que l'épaisseur d'un tel masque soit au maximum de un centimètre. Dès que le plâtre commence à se solidifier, on ouvre le masque en tirant le fil vers le haut par les deux bouts, séparant ainsi les deux moitiés du moulage. Immédiatement après, on détache le masque du visage du mort en soulevant prudemment la serviette, sans oublier à la fin de laver à nouveau le visage.

Le mouleur recolle ensuite les deux parties du moulage et procède à quelques retouches : c'est sur cette forme en négatif qu'il remodèle les parties caractéristiques des traits, retrace la barbe et les cheveux et perce les trous des oreilles et du nez. « *À partir de cette forme de plâtre, on produit ensuite le moulage original, le masque de plâtre proprement dit tel qu'on le connaît. Sur la base de ce masque, on peut aussi produire une nouvelle forme dont on peut tirer autant de moulages de plâtre que l'on veut.* »

À l'évidence, la situation est quelque peu différente lorsque le modèle sur lequel on prélève le moulage est encore vivant. Dans un reportage publié en janvier 1930 dans le *Deutsche Allgemeine Zeitung* paraissant à Berlin, l'écrivain Ernst Wiechert, qui compte à l'époque parmi les auteurs allemands les plus lus, raconte son expérience quelque peu macabre sous le titre « Mon masque mortuaire ».

Le mouleur, que Wiechert appelle dans son texte uniquement « *le professeur* », le reçoit dans son atelier. On fume, on regarde les moulages d'hommes et d'animaux qui y sont exposés. Puis la procédure commence, comme dans le cas décrit par Bohnagen, par le graissage du visage au moyen d'un morceau de beurre. L'assistant du professeur lui introduit des petits tuyaux dans le nez, puis on lui recouvre le visage de plâtre :

Je suis couché, calme, les yeux fermés, et je reçois la fraîcheur étrange d'un recouvrement blanc. Lentement, l'existence passée s'éloigne, elle s'en va et me laisse seul. Les mains ne travaillent plus mon visage, les pieds ne sont plus là, ils sont derrière la porte, dans une autre pièce. « Ils repartent comme lors d'un enterrement », me dis-je d'abord, et je souris à cette pensée. Mais c'est alors que m'arrive pour la première fois cette chose étrange et qui me traverse peu à peu : le sourire ne m'obéit plus. L'âme a beau essayer, les lèvres n'obéissent pas. Elles sont gelées, enfermées, figées. Quelque chose est sur moi qui le rend impossible, une existence étrangère, un poids de plus en plus lourd qui veut se poser, qui ne veut pas de sourire sous lui, qui veut devenir fossile, qui demande l'obéissance, le silence… […] Et lentement, d'abord nié mais retournant à nouveau, s'affirmant, un froid glacial coule du front sur les tempes, sur les joues, sur la bouche. Et dans ce froid, le fardeau au-dessus de la face voilée s'alourdit comme si l'on amassait de froides plaques de fer sur mon être sans défense, des plaques qui se plient aux bords et qui m'enserrent sans issue, tout comme la froide terre enserre un mort.

Le récit de Wiechert ne se termine pas au moment où le professeur le libère en enlevant le moulage. Lorsque, une semaine plus tard, le narrateur reçoit son masque, il ne se reconnaît pas dans le visage qu'il a entre les mains. *« Non, c'est une erreur, n'est-ce pas… une erreur stupide, un peu cruelle…*

ce n'est pas moi, c'est quelqu'un d'autre, un étranger, un mort que je ne connais pas… n'est-ce pas, Monsieur le Professeur ? C'est bien un étranger qui nous est inconnu, à vous et à moi ? Peut-être un homme enseveli à la guerre, un fils perdu de la terre qui n'a pas retrouvé sa maison paternelle… c'est bien ça, Monsieur le Professeur ? » Ce n'est que lorsqu'il sera de retour à la maison que le narrateur finira par accepter de reconnaître le visage qui lui fait face :

> « C'est donc ainsi, mon frère », lui dis-je à voix basse, « maintenant que je te vois face à face. Pardonne-moi de m'être effrayé, mais ce n'est que mon temps qui s'est effrayé devant ton éternité. Je connaissais mon front, mais je ne le connaissais que dans les reflets de la gaieté, dans les rides de la mauvaise humeur, dans les ombres de la tristesse. Je ne connaissais pas mon front nu, le silence de sa voûte quand ses petites susceptibilités sont éteintes, la transfiguration de sa destinée. Je connaissais mes yeux quand je les regardais dans un miroir ou lorsque la face d'un autre être humain s'illuminait ou s'éteignait à leur vie. Mais je ne savais rien de la dimension éternelle de ces yeux, du sommeil distant de ces paupières […]. Je ne savais rien de l'amertume de cette bouche à laquelle tu as arraché sa forme éternelle quand elle croyait encore pouvoir sourire sous la première faible pression de la tombe. »

Le ton pathétique du récit de Wiechert, qui se fonde sans doute sur une expérience réelle, s'explique aussi par la mort de sa première épouse, un an auparavant. Dans son œuvre romanesque marquée par l'expérience douloureuse de la Première Guerre mondiale et, plus tard, celle de la déportation à Buchenwald en 1938, la mort est en effet omniprésente. Aujourd'hui, il ne reste malheureusement plus aucune trace de l'empreinte faciale que Wiechert a dû faire prélever peu avant 1930.

9.

Mais revenons à l'histoire du masque de Hegel que Wolfgang Grözinger acquit durant son séjour à Vienne auprès d'un certain M. Antonopulo avant de le vendre à son tour au musée de Marbach. *A priori*, tout ce qu'on sait au sujet de ce mouleur, grâce au livre de Benkard, est qu'il était actif à Vienne durant cette période.

Après plusieurs semaines de recherches infructueuses, une piste prometteuse se dégagea enfin dans un contexte auquel je ne m'attendais pas du tout, à savoir dans un article paru en novembre 1934 dans *Die Musik*, un mensuel de musicologie édité à Berlin, qui fut alors non seulement l'organe officiel de la « communauté culturelle national-socialiste » (NS-Kulturgemeinde), mais aussi le journal officiel de la direction de la jeunesse du Reich. C'est dans cette revue que je finis par dénicher un article d'un certain Walter Krieg, intitulé « Moulages de musiciens célèbres, prélevés de leur vivant ou après la mort ». Dans l'introduction de cet « essai bibliographique », Krieg raconte comment, lors de ses recherches de masques disparus, il tomba un jour sur Antonopulo :

> *Il y a quelques années, j'acquis dans le commerce à Vienne une carte postale reproduisant le masque mortuaire de Franz Schubert. Après de longues recherches, je réussis à en trouver le propriétaire, un mouleur grec se désignant comme « sculpteur » et habitant Vienne, du nom d'Anton Antonopulo. Celui-ci me vendit non seulement un moulage du masque mortuaire de Schubert, mais aussi de Johann Strauß père, Händel, Lanner, Verdi, Offenbach, Schumann, Paganini, Tchaïkovski, etc. L'examen des pièces fournies montra sans exception qu'il s'agissait de faux plus ou moins bien fabriqués. Je raconte cette anecdote décevante pour un collectionneur afin d'attirer l'attention sur le fait que même dans ce domaine encore peu pratiqué, il y a des faussaires qui sont à l'œuvre.*

De concert avec le musicologue viennois Robert Lach, Krieg affirme avoir réussi à démasquer (si l'on ose dire) le faussaire, mais sans réussir à lui faire cesser son commerce illégal. Le mouleur aurait ainsi continué à tromper d'autres collectionneurs, conclut Krieg en citant le cas, précisément, de Benkard :

Même des chercheurs consciencieux comme Ernst Benkard *se sont fait avoir par les travaux de cet homme. C'est ainsi que dans son magnifique livre* Das ewige Antlitz *paru à Berlin en 1929, Benkard décrit aux pages 34 à 36 le masque mortuaire de Hegel et l'y reproduit [...]. Le producteur de ce masque est ce même Antonopulo, et la pièce est tout aussi fausse que ses autres masques dont il vend une série de plus de cinquante exemplaires.*

À en croire Walter Krieg, le masque mortuaire de Hegel serait donc purement et simplement un faux, comme celui de Franz Schubert vendu par le même Antonopulo, de qui nous avons appris en passant l'origine grecque présumée et surtout le prénom : Anton.

10.

Qui est ce Walter Krieg qui se montre si sûr de son jugement à propos du masque de Hegel ? L'organe de publication de son article de même que son association à Robert Lach nous incitent à la prudence. Vu l'époque, peut-on exclure que c'est d'abord par xénophobie que Krieg et Lach – ce dernier, membre de la NSDAP depuis 1933, étant un antisémite notoire – cherchent à disqualifier le mouleur Antonopulo ?

En 1934, au moment où il publie son article dans *Die Musik*, Walter Krieg est actif comme éditeur et libraire à Berlin, mais aussi comme antiquaire. Né en 1901, il a été rédacteur d'un hebdomadaire à Erfurt, a fondé une maison d'édition à Leipzig en 1923 et possède depuis la même année également une librairie à Berlin, les deux avec des succursales à Vienne. Dans les années qui précèdent la guerre, son empire s'agrandit entre autres avec l'appropriation, par « aryanisation », de la librairie universitaire R. Lechner à Vienne, en 1938. Mais dans notre contexte, c'est surtout son importante activité de collectionneur de masques mortuaires qui est intéressante, Walter Krieg étant dans les années 1920 et 1930 en train de constituer ce qui sera au début de la guerre « *l'une des plus grandes collections qui existent* », comme Krieg lui-même l'affirme fièrement au célèbre sculpteur berlinois Georg Kolbe dans une lettre de mars 1933.

Kolbe, qui enseigne depuis 1918 à l'Académie prussienne des arts, est alors considéré comme une référence en matière de moulages, ce dont témoigne notamment le fait que Benkard lui avait demandé en 1926 de rédiger le mot d'introduction à son ouvrage sur les masques mortuaires. Dans sa lettre, Walter Krieg demande au professeur Kolbe (en qui il faut peut-être reconnaître le « *professeur* » du récit de Wiechert cité plus haut) la permission de faire faire des copies de deux moulages que le sculpteur avait prélevés : ceux de Friedrich Ebert, premier président du Reich sous la république de Weimar et mort en 1925, et de l'éditeur Paul Cassirer, mort en 1926. En échange, Krieg, qui semble alors à court d'argent, propose à Kolbe de choisir parmi les ouvrages de sa maison d'édition ceux qui pourraient l'intéresser : *Das Geschlechtsleben in der Antike* (La Vie sexuelle de l'Antiquité) de Gaston Vorbach par exemple, le dialogue érotique *La Cazzaria* d'Antonio Vignali ou encore la *Geschlechtskunde* (Science de la sexualité) en cinq volumes du médecin et sexologue Magnus Hirschfeld. En fin de lettre, Krieg tient à informer Kolbe qu'il a compilé une bibliographie de masques mortuaires contenant déjà plus de 300 entrées et que certaines de ces pièces sont accrochées dans ses locaux près de la Potsdamer Platz, à Berlin. « *Il y a parmi ceux-ci de nombreux exemplaires très précieux et surtout parfaitement inconnus* », conclut-il fièrement avant d'en énumérer quelques-uns : Rousseau, Kant, Michel-Ange, Franklin, Frédéric Ier, Bach, Blücher, Nietzsche, etc.

Un article de 1937, paru dans plusieurs journaux à l'occasion d'une exposition, à Berlin, des masques appartenant à Walter Krieg, permet de se faire une idée de la « *plus grande collection de masques mortuaires au monde* », laquelle compte alors plus de 350 exemplaires. Le journaliste de *Der Neue Tag* mène également un entretien avec le collectionneur lui-même, qui y évoque complaisamment son travail de recherche et de documentation. « *Lors de mes déplacements professionnels, je visite quasiment chaque brocante et chaque musée pour y dénicher des masques mortuaires, et si je ne peux pas les acheter, j'en fais faire des copies. Parmi les antiquaires, je suis d'ailleurs connu dans le monde entier comme l'homme qui achète des têtes de mort, et je reçois presque chaque jour des offres d'Allemagne et d'ailleurs.* » Une bonne partie de la collection a également été constituée par des échanges ou lors d'enchères, où l'on peut acquérir des masques souvent anonymes qu'il s'agit ensuite d'identifier. En fin d'entretien, dans un passage particulièrement éclairant pour nous, le collectionneur revient à la question de l'authentification des masques : « *La demande concernant des masques intéressants,* affirme-t-il, *a suscité des falsifications. Un faussaire tristement célèbre est le Grec Antonopulo qui vit à Vienne. Se basant sur des portraits, il produit des "masques mortuaires" en les modelant à la main, et ceci avec une telle maîtrise qu'on arrive à peine à les distinguer des originaux.* »

Il ne fait pas de doute que Walter Krieg est, durant l'entre-deux-guerres, l'un des meilleurs connaisseurs de masques mortuaires, et que son avis est de poids. Mais il ne faut pas non plus occulter le fait qu'il a pris soin, dès la prise de pouvoir par les nationaux-socialistes, de se mettre en bons termes avec un régime dont il saura profiter. Sa proximité avec des figures et des organisations

1. Masque de Hegel, de face, reproduit dans *Das ewige Antlitz* d'Ernst Benkard, 1929.

2. Masque de Hegel, de profil, reproduit par Ernst Benkard, 1929.

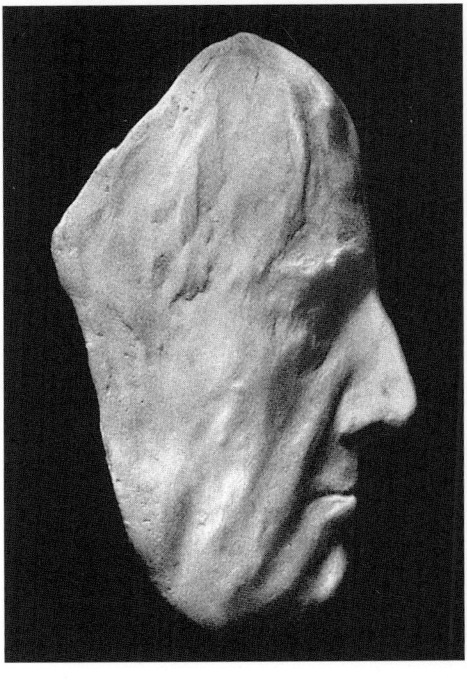

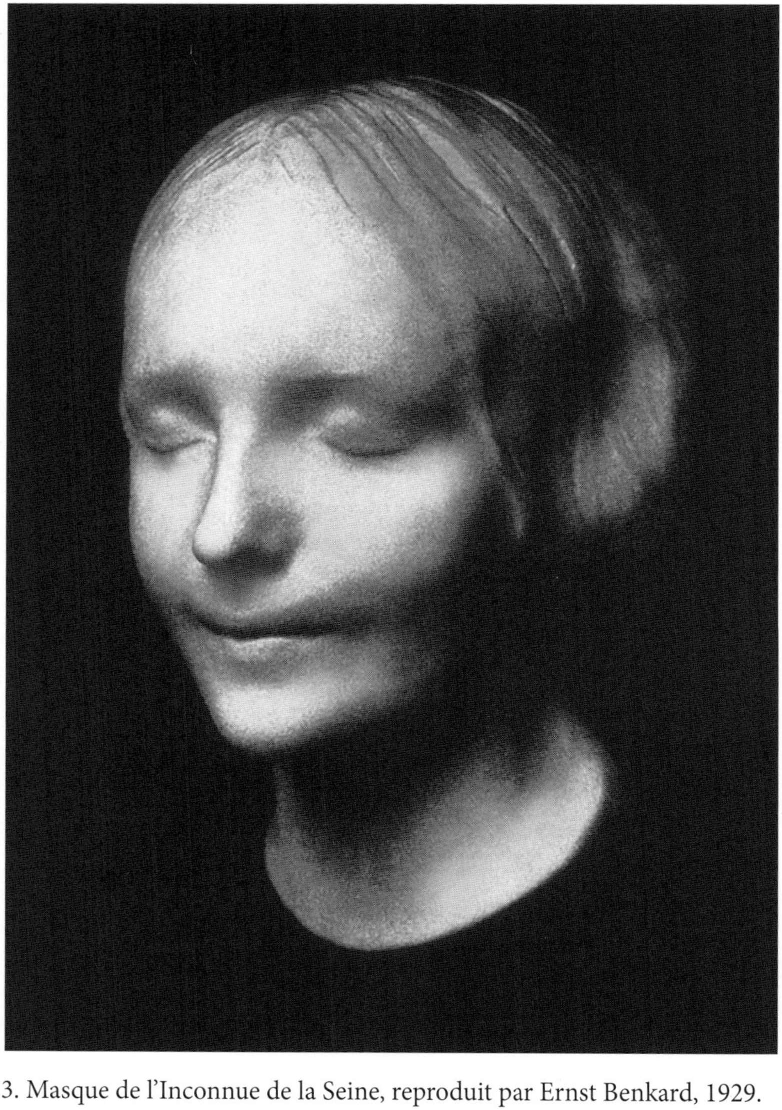

3. Masque de l'Inconnue de la Seine, reproduit par Ernst Benkard, 1929.

4. Portrait du philosophe Georg Wilhelm Friedrich Hegel
par Jakob Schlesinger, 1831.

5. Masque de l'Inconnue de Sélestat, reproduit par Ernst Benkard, 1929.

GEORG WILHELM FRIEDRICH HEGEL (1770-1831)

EN FRANCE

Prix courants des ouvrages de Hegel

	FR.
LOGIQUE	250
PHILOSOPHIE DE L'ESPRIT	200
PHILOSOPHIE DE LA NATURE	150
SYSTÈME DES BEAUX-ARTS	175
ESTHÉTIQUE	150
POÉTIQUE	150
PHILOSOPHIE DE LA RELIGION	100

La philosophie du droit n'a jamais été publiée en français

EN U.R.S.S.

25.000 exemplaires des ŒUVRES COMPLÈTES de Hegel épuisés en 5 ans.

Le plan quinquennal est fondé sur la dialectique

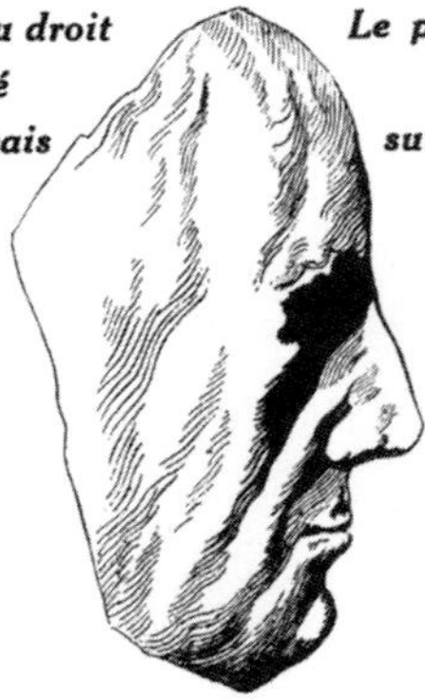

Le côté révolutionnaire de la philosophie hégélienne, la dialectique, est étouffée ici — comme ailleurs à plusieurs reprises — par les mauvaises herbes conservatrices. Il ne restait qu'à extirper ces mauvaises herbes idéalistes et théologiques pour faire ressortir dans toute sa splendeur la théorie évolutionniste hégélienne. Plus la société capitaliste s'est développée moins la philosophie bourgeoise était disposée à accomplir elle-même cette tâche.

(La Correspondance internationale.)

C'est un fait caractéristique de la désagrégation historique de la bourgeoisie qu'elle est incapable de reprendre l'héritage progressiste d'un grand champion de sa propre classe.

Et c'est encore un trait caractéristique du prolétariat, cette fois-ci, qu'il sait mettre en valeur et incorporer dans la jeune structure socialiste toutes les grandes valeurs spirituelles issues de la bourgeoisie pendant sa période de splendeur.

(La Correspondance internationale.)

Tandis qu'en Italie les fascistes se prévalent de l'idéalisme absolu pour justifier la violence réactionnaire et légitimer (loi Gentile) l'enseignement dans les écoles primaires de la religion catholique, tandis qu'en Allemagne les socialistes accueillent les fascistes au Congrès hégélien de 1931, dont l'entrée est interdite aux savants soviétiques — la bourgeoisie française, au mépris de tous les devoirs culturels qu'elle prétend assumer, trouve plus simple de mettre les œuvres de Hegel hors de la portée de tous ceux dont elle ne s'est pas assuré le contrôle par l'argent. Elle parvient ainsi à cacher aux révolutionnaires l'origine même de la dialectique ; elle les réduit à ne pouvoir comprendre que partiellement Marx, Engels et Lénine, puisqu'elle leur interdit de parcourir par eux-mêmes l'étape fondamentale de leur pensée.

En admettant même que Marx, Engels et Lassalle aient fini par commettre de graves erreurs dans l'interprétation de leur maître, ne devons-nous pas reconnaître, en toute honnêteté, que cette pensée vigoureuse, même déformée, reste plus puissante que toutes les interprétations strictement « correctes » qui se sont distinguées jusqu'ici par leur complète futilité et l'absence totale de tout contact avec la vie et le caractère du peuple *(sic)*. (Vorwaerts, Berlin.)

On avait établi un programme aussi long qu'une nuit d'hiver, mais Karl Marx n'y était même pas mentionné quoique Hegel n'existe aujourd'hui réellement plus que dans le grand maître socialiste comme seul l'osa dire avec énergie notre camarade Grimm, ministre des Cultes de Prusse, en saluant le congrès au nom de son gouvernement *(sic)*.

(Le Populaire, Paris.)

1

6. Dessin du masque de Hegel, publié dans la revue *Le Surréalisme au service de la révolution*, 1931.

Erstes Beiblatt / 318. Ausgabe VÖLKISCHER BEOBACHTER

Dr. Dr. Max Wundt:

Zu Hegels Gedächtnis

Georg Wilhelm Friedrich Hegel
† 14. November 1831 / Antlitz des Toten

Dithmarschen-Dichtung

Prof. Dr. phil. h.

Dem völ

Bekenntnis zu

7. Dessin du masque de Hegel, publié dans le journal *Völkischer Beobachter*, 1931.

8. Masque en plâtre
de Paul Éluard par René Iché,
1929.

9. Masque en plâtre
d'André Breton par René Iché,
1929.

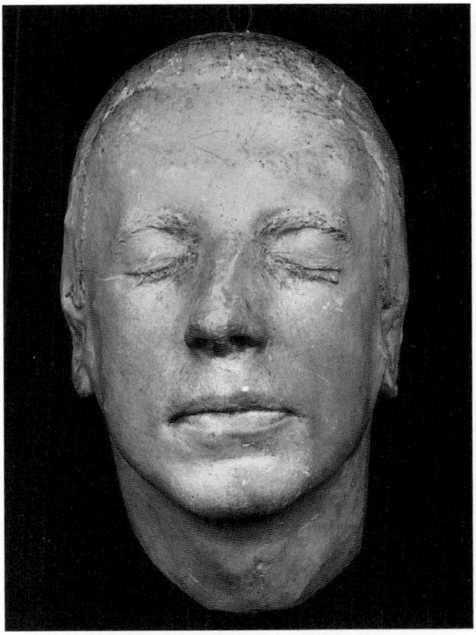

10. Photomontage à partir de « La femme cachée » de René Magritte, publié dans la revue *La Révolution surréaliste*, 1929.

11. Masques en plâtre d'André Breton (à droite) et Paul Éluard, accrochés chez André Breton, au 42 rue Fontaine.

12. André Breton et Paul Éluard à l'île de Sein en 1931, photographiés par Valentine Hugo.

13. Masque en plâtre d'André Breton par Paul Hamann, 1933.

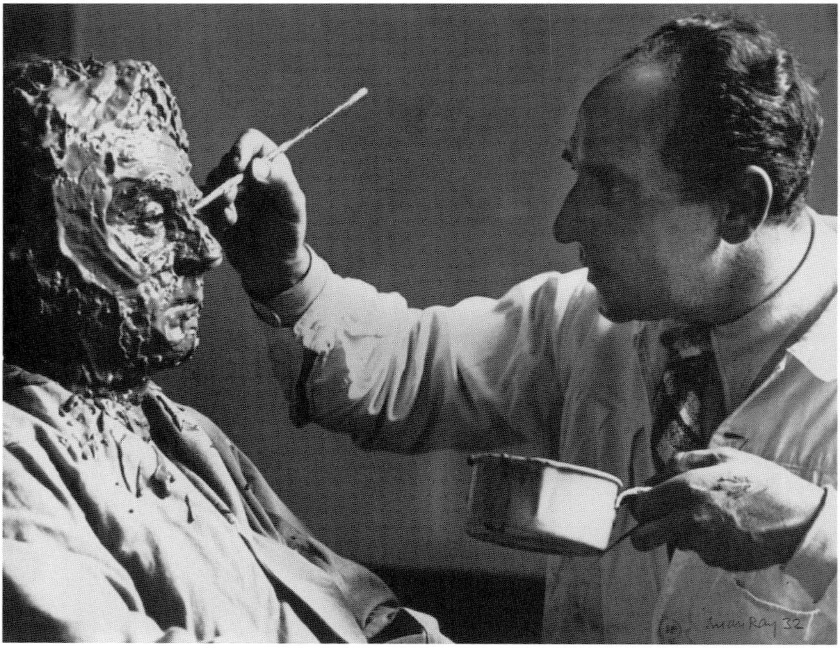

14. Paul Hamann (à droite) produisant une empreinte faciale de Man Ray, 1933.

nazies est avérée à plusieurs reprises, entre autres lors d'une exposition de sa collection de masques en pleine guerre, en 1943, par la *Kameradschaft der Deutschen Künstler*, une association d'artistes allemands à Berlin. La journaliste qui écrit alors la recension de l'exposition, où figuraient notamment des masques de grands généraux allemands, conclut son texte paru dans le journal *Der Führer* par ces mots lourdement symboliques : « *Le sens le plus élevé de la mort, celui de la mort pour la patrie que Hölderlin a si bien chantée, a été interprété de la façon suivante par le poète populaire Heinrich Lersch, mort à 46 ans en 1935, et dont le masque mortuaire étonne par sa sérénité : "L'Allemagne doit vivre, même si nous devons mourir."* »

La collection de Walter Krieg, elle, n'a pas survécu à la guerre. Les locaux berlinois de l'éditeur ont été bombardés à plusieurs reprises ; si Krieg a réussi à un moment donné à déplacer le siège d'au moins deux de ses entreprises en Basse-Franconie et à continuer son travail de libraire et d'antiquaire après la guerre à Vienne, où il est mort en 1955 sans avoir été inquiété, ses masques mortuaires ont été enterrés sous les bombes, sans laisser de traces. C'est du moins ce que je croyais jusqu'à ce que je découvre chez un antiquaire à Kirchheim unter Teck, une petite ville de l'Allemagne du Sud, le livre *Die Vollendeten* (Les Accomplis) de la photographe Rosemarie Clausen, paru en pleine guerre, en 1941, à Stuttgart. Dans cet ouvrage en grand format, aujourd'hui très rare, sont reproduits pas moins de quarante-sept masques de la collection Walter Krieg. Seuls les masques de personnalités allemandes, ou considérées comme telles, ont été repris pour ce volume aux tonalités très propagandistes : on va ainsi du réformateur Martin Luther au *Gauleiter* bavarois de la NSDAP, Hans Schemm, mort en 1935 dans un accident d'avion. Les masques, photographiés pour la plupart en très gros plans dans des postures héroïques, sont accompagnés de courts textes à caractère « édifiant », du moins pour le lectorat allemand de l'époque. Initialement liée aux milieux du théâtre berlinois, la photographe Rosemarie Clausen a produit durant ces années de nombreuses prises de vue de propagande, entre autres de Hermann Göring à qui elle consacra un reportage photo en 1941, l'année même de la parution de *Die Vollendeten*. Au sujet des masques reproduits dans ce volume, elle affirme dans sa brève préface que « *chacun de ces morts est présenté dans sa solitude* », mais qu'ils sont cependant « *tous liés en un seul mot : ALLEMAND* ». Après la guerre, Clausen retrouvera le théâtre, et je ne peux m'empêcher d'être troublé à l'idée que c'est elle qui a pris les clichés que l'on possède de la mémorable mise en scène berlinoise de Fin *de partie* par Samuel Beckett lui-même, en 1967.

11.

Les témoignages de Walter Krieg sont les seuls, à ce que je sache, à ouvertement accuser « *le Grec Antonopulo* » d'être à l'origine du masque mortuaire de Hegel, qu'il aurait donc modelé à la main en s'inspirant de portraits d'époque au lieu de le produire par empreinte d'après un improbable tirage original. Mais qui au juste était cet Anton Antonopulo ? Où avait-il son atelier ? Une première prospection sur internet resta sans résultat.

Une recherche plus détaillée dans la collection digitalisée des journaux historiques autrichiens allait peut-être pouvoir m'avancer dans mon enquête. Et effectivement, je trouvai plusieurs entrées qui mentionnaient le nom Antonopulo, parfois transcrit Antonopoulo ou Antonopulos. En particulier, une notice parue en avril 1910 mentionne des festivités organisées en l'honneur du poète autrichien Peter Rosegger, lors desquelles un buste créé par « *le sculpteur Antonopulo* » fut dévoilé, mais on n'apprend malheureusement rien de plus. Dix-huit ans plus tard, pour commémorer désormais les dix ans de la disparition de Rosegger, le même journal évoque un cortège lors duquel le buste du poète fut à nouveau présenté au public. Il provenait, nous informe le journaliste, de « *l'atelier du sculpteur Antonopulo situé dans le VII*^e^ *arrondissement à la Siebensterngasse 58* ». Nous voici pour la première fois en possession d'une adresse. Un annuaire de la même année, qui énumère trois « Antonopulo », nous fournit également une adresse privée, dans le même arrondissement du « *Neubau* », à la *Schottenfeldgasse 36*.

En confrontant ces informations à des bases de données généalogiques et aux registres paroissiaux de l'archidiocèse métropolitain de Vienne, je finis par tomber sur les registres de l'église votive de Vienne dans laquelle notre Anton Antonopulo épousa, le 8 juin 1911, la « *Freiin* [c'est-à-dire la fille de baron] *Eugenie von der Lippe zu Wintrup* ». Le registre précise en outre qu'Anton est né le 18 novembre 1881 à Sternberg en Moravie, dans une région qui se trouve aujourd'hui sur le territoire de la République tchèque, à environ deux cents kilomètres au nord-est de Vienne, et que son père, Heinrich, était lui-même déjà sculpteur. À ce qu'il semble, Walter Krieg s'est donc trompé en attribuant une origine grecque à notre sculpteur sur la seule base de son nom de famille. Une dernière base de données consultée m'apprit enfin qu'Anton Antonopulo a été enterré le 6 octobre 1945 au Zentralfriedhof à Vienne, aux côtés de son père Heinrich mort en 1911. Sa femme Eugenie, morte en 1966, et leur fille Melanie, décédée en 2013 à l'âge de 98 ans, l'y rejoindront à leur tour.

Quelles traces Anton Antonopulo a-t-il laissées à Vienne, près de quatre-vingts ans après sa mort ? Je voulais en avoir le cœur net et partis en direction de la capitale autrichienne. Sans surprise, l'atelier d'Antonopulo à la Siebensterngasse n'existe plus : à sa place, on trouve un modeste café, Le Florentin, qui sert des repas avec une touche orientale. La porte du bâtiment étant entrebâillée, je m'introduis dans la cage d'escalier passablement délabrée et monte jusqu'au cinquième et dernier étage, mais aucun indice renvoyant à notre sculpteur n'y subsiste. La visite à son domicile, à la Schottenfeldgasse, à cinq minutes à pied de l'atelier, est encore plus frustrante, car je tombe sur un bâtiment récent d'une laideur agressive. Ne reste alors que le cimetière à visiter. Qui sait, une pierre tombale peut réserver des surprises ; peut-être même qu'elle contient une photo ou une sculpture ?

Le Zentralfriedhof de Vienne est tout sauf central. Ouvert en 1874, il se situe en marge de la ville, dans le district de Simmering. Étendu sur 240 hectares, ce cimetière qui accueille pas moins de 330 000 tombes est l'un des plus grands d'Europe. Mieux vaut donc s'informer au préalable sur le site électronique du cimetière si l'on y cherche une tombe. Celle d'Anton Antonopulo est située à proximité de la partie dédiée aux citoyens juifs, dans la rangée 27 au numéro 52. Lorsque j'y parviens enfin, au terme d'une longue déambulation – la plupart des visiteurs du Zentralfriedhof s'y déplacent en voiture –, une nouvelle déception m'attend : la pierre tombale, d'une sobriété déconcertante, ne porte en tout et pour tout que le nom de famille : « Antonopulo », sans aucune mention de prénom ni de date. Sans la base de données des autorités du cimetière, on ne saurait pas qui est enterré ici.

Au moment de partir, je découvre presque par hasard, au pied de la tombe, un minuscule écriteau indiquant le nom du jardinier qui s'occupe de l'entretien de la tombe : un certain « Ofner ». L'entreprise de jardinage de Josef Ofner étant située directement en face de l'entrée principale du cimetière, je décide de m'y rendre dans l'espoir d'accéder par cette voie aux héritiers d'Anton Antonopulo qui semblent bien exister puisque l'on continue à entretenir la tombe. Un employé jovial prend note de mon souhait d'entrer en contact avec la personne en question et me promet de lui transmettre mes coordonnées. Mais là encore, personne ne me répondra. Anton Antonopulo semble définitivement vouloir se dérober à toute prise de contact posthume.

12.

Les Archives officielles de la ville de Vienne sont installées dans un ancien réservoir à gaz dans le même district de Simmering. C'est là que je trouve enfin quelques informations supplémentaires sur Anton Antonopulo. J'apprends notamment qu'on y conserve une série de documents relevant d'un procès qu'on lui a intenté en 1922. Malheureusement, sans autorisation de la famille, l'accès à ces documents m'est interdit, en raison de la protection des données. La piste s'avérera néanmoins fort intéressante, car une nouvelle recherche dans les journaux de l'époque met au jour, sous le nom d'Antonopolo (au lieu d'Antonopulo), une série d'articles parus entre octobre 1922 et février 1923 dans le *Wiener Allgemeine Zeitung* à l'occasion d'un procès concernant des droits d'auteur que le sculpteur viennois Ambros Bei avait intenté à « Antonio Antonopolo ».

Sous le titre « Les masques mortuaires de Goethe et de Kainz. Un procès intéressant concernant les droits d'auteur », le journaliste rend compte du procès lors duquel Bei accusa Antonopulo d'avoir mis en vente les deux masques mortuaires mentionnés dont lui, Bei, était alors le seul ayant droit autorisé à le faire par la Fondation nationale à Weimar dans le cas de Goethe, par le sculpteur Otto

Treßler pour ce qui concerne le masque de l'acteur autrichien Josef Kainz. Pour sa défense, Antonopulo prétendit que le masque de Goethe exposé dans ses locaux n'était que le travail d'un étudiant de l'école de commerce. Il reconnut cependant que le masque de Kainz était bien l'une de ses propres reproductions qu'il avait jadis acquise de la part du frère d'Ambros Bei, Julius, lorsque celui-ci avait liquidé son magasin. Le masque de Kainz, affirma-t-il, se serait alors trouvé parmi les très nombreux moulages. En dernier point, Antonopulo ajouta, peut-être sur les conseils de son avocat, que le prélèvement d'un masque n'était de son point de vue qu'un « *travail purement manuel* », sans aucune dimension artistique.

Après avoir entendu un expert qui non seulement confirma que les deux masques reproduits par Antonopulo, « *quoique mal faits* », avaient été moulés à partir du même original que ceux de Bei, mais qui exprima aussi sa conviction que le prélèvement d'un masque mortuaire impliquait « *absolument un certain don artistique* », le jury reconnut Antonopulo coupable d'avoir copié le masque de Kainz et le condamna à une amende de 20 000 couronnes ainsi qu'à un paiement de 5 000 couronnes au sculpteur lésé. Il fut en revanche acquitté dans le cas de la reproduction du masque de Goethe puisque ce dernier, prélevé par le sculpteur Schadow décédé en 1850, était désormais libre de droits. Personne ne semble alors avoir relevé que le masque prétendument mortuaire de Goethe était en réalité un masque pris sur le vif en 1816, bien avant la mort de l'écrivain en 1832.

Mais l'histoire ne s'arrête pas là, car Antonopulo fit appel de ce jugement. Quatre mois plus tard, le cas fut à nouveau discuté devant l'instance supérieure. L'argumentation de la défense mérite qu'on s'y attarde, car elle concerne directement la question épineuse de l'appartenance de ces moulages au domaine de l'art et, par conséquent, l'applicabilité du droit d'auteur. Selon l'avocat d'Antonopulo, les masques mortuaires ne doivent pas être considérés comme des œuvres d'art qui, elles, tombent sous la protection du droit d'auteur : « [...] *la condition préalable de chaque activité artistique est donnée par une création indépendante, tandis que la production d'un masque mortuaire n'implique qu'une reproduction de la physionomie par un moyen technique. Si une telle pratique implique certes des capacités artistiques, il ne s'agit cependant pas d'une œuvre d'art indépendante.* » Malgré l'insistance de l'avocat du plaignant sur les qualités proprement artistiques du masque de Kainz créé par Treßler, la cour d'appel décida de suivre l'argumentation de la défense et souligna dans son jugement qu'en règle générale, un masque mortuaire ne doit pas être considéré comme une œuvre d'art, dans la mesure où la production de celui-ci serait « *purement mécanique* ». Le jugement de la première instance fut donc annulé et le sculpteur Antonopulo acquitté.

Au vu de ce jugement qui lui fut finalement favorable, on ne s'étonnera pas qu'Antonopulo ait continué à écouler son stock de moulages repris de Julius Bei, et sans doute aussi à créer de nouveaux masques, selon la demande du moment. Je ne sais pas si Antonopulo, qui selon Krieg semble au fond avoir été un sculpteur plus qu'un mouleur, a de nouveau eu affaire à la justice. Krieg lui-même avoue en tout cas qu'il n'a pas réussi, faute de preuves probablement, à lui faire fermer boutique.

Arrivé à ce stade, on peut retenir que les indices qu'on vient de réunir au sujet du masque de Hegel parlent clairement en faveur d'une forgerie. C'est bien Anton Antonopulo qui a créé le masque mortuaire de Hegel de toutes pièces, vraisemblablement en vue du centenaire de la mort du philosophe en 1931. Pour ce faire, je suppose qu'il s'est inspiré du célèbre portrait que Jakob Schlesinger a peint quelques semaines à peine avant la mort de Hegel. Susanne von Tucher, la belle-mère du philosophe, écrit en effet le 17 novembre 1831 à sa fille Marie qu'elle est heureuse « *que l'ami Schlesinger ait vaincu sa peur du choléra* » pour « *peindre le portrait du cher Hegel au moyen de toutes ses capacités et de son art* », et que le portrait soit selon le témoignage de Marie Hegel extraordinairement réussi. De ce fameux portrait **(ill. 4)** qui se trouve depuis 1891 à la Alte Nationalgalerie à Berlin, de nombreuses reproductions ont paru un peu partout dès le début du XXe siècle ; Antonopulo a très facilement pu s'en procurer une copie.

13.

Si le faux masque de Hegel commence à circuler dès le début des années 1930, c'est d'abord en raison de son intégration dans le livre d'Ernst Benkard, *Das ewige Antlitz*, dans lequel il est reproduit sur deux photos, de face et de profil, à partir de la troisième édition augmentée qui est aussi celle achetée par Éluard. Édité pour la première fois en 1926, réédité pas moins de dix-neuf fois jusqu'en 1935, l'ouvrage de Benkard connut un très large succès en Allemagne et dans les pays voisins. Dès sa parution, Martin Heidegger par exemple s'y référa dans son cours sur la logique donné à Marbourg durant le semestre d'hiver 1925-1926, lorsqu'il y discute, en partant de la *Critique de la raison pure* de Kant, différents types d'images dont notamment la photographie du masque mortuaire. En 1934, l'écrivain Friedrich Ernst Peters alla même, quant à lui, jusqu'à publier un recueil de 31 poèmes, « *nés de la contemplation des planches d'Ernst Benkard* », qui évoquent, avec une charge pathétique aujourd'hui difficilement supportable, l'art de mourir que le poète voit incarné dans ces images.

Avant de publier son livre de masques mortuaires, Ernst Benkard s'était fait connaître comme un historien de l'art spécialisé dans la Renaissance italienne. Auteur d'une thèse sur Sebastiano del Piombo soutenue à Heidelberg en 1907, il avait publié des études sur Rembrandt, Cimabue et le Bernin ainsi que sur le sculpteur et architecte baroque Andreas Schlüter. Habilité en 1927 à Francfort, sa ville d'origine, il y donnait des cours en tant que *Privatdozent* (chargé d'enseignement) jusqu'à ce que son autorisation d'enseigner lui fût retirée, dix ans plus tard – selon des témoins, en raison d'un article de presse dans lequel il s'était montré peu respectueux au sujet de la Grande Exposition d'art allemand à Munich qui s'était ouverte, en juillet 1937, en même temps que la fameuse exposition sur l'Art dit dégénéré.

Précédé d'une introduction historique de la part de l'auteur et d'une brève préface du sculpteur Georg Kolbe consacrée à la procédure de prélèvement d'un masque mortuaire, *Das ewige Antlitz* est essentiellement constitué d'une série de reproductions photographiques de masques mortuaires présentés dans un ordre chronologique allant de Bernardin de Sienne à l'Inconnue de la Seine, suivies de notes savantes qui retracent l'histoire des masques représentés. Y figurent entre autres – je ne peux ici mentionner qu'un choix restreint – Henri II, Henri IV, Pascal, Newton, Swift, Lessing, Marat, Schiller, Napoléon, Géricault, Beethoven, Coleridge, Heine, Sainte-Beuve, Flaubert, Dostoïevski, Wagner, Hugo, Nietzsche et Lénine. Seuls sept moulages représentent des femmes : des nobles comme la reine Louise de Prusse, la duchesse Anna-Amalia de Saxe-Weimar ou sa gouvernante Luise de Göchhausen – c'est par sa transcription de la première version du *Faust* de Goethe, le *Urfaust*, que ce dernier a été miraculeusement conservé ; des artistes comme la chanteuse d'opéra Maria Malibran ou l'actrice autrichienne Charlotte Wolter ; la petite-fille de Goethe, Alma, morte à dix-sept ans à Vienne d'une fièvre typhoïde, ainsi que l'Inconnue de la Seine mentionnée plus haut. En tout, le livre contient 112 photographies de 92 masques, 20 moulages étant reproduits de face et de profil.

Dans une annexe qui réunit des pièces dont l'authenticité est douteuse ainsi que des masques pris sur le vif, on trouve plusieurs autres reproductions, notamment celle de l'Inconnue de Sélestat dont je reparlerai plus loin ; de Dante ; du réformateur Martin Luther ; du Tasse – un buste que l'auteur considère comme résultant de l'intégration d'un masque mortuaire sur lequel on aurait ouvert les yeux ; de Robespierre – masque qui, selon Benkard, serait un moulage sur le vif et non une empreinte prise à partir de la tête guillotinée – ainsi que de Shakespeare. Ce dernier masque, identifié sur la base de plusieurs indices matériels en tant que « *faux assez peu habile du XIX*^e *siècle* », ne fut retrouvé qu'en 1849 ; au moment où Benkard rédigea son livre, il se trouvait encore dans une collection privée avant d'être acquis en 1960 pour pas moins de 46 000 deutsche Mark – l'équivalent de presque 120 000 euros –, par la ville de Darmstadt, qui l'expose de nos jours à la bibliothèque universitaire. Le jugement critique de Benkard au sujet du masque de Shakespeare lui valut notamment l'opposition des frères Ernst et Friedrich Gundolf, deux membres du cercle de Stefan George qui défendaient avec férocité son authenticité. Et le débat est loin d'être clos aujourd'hui, surtout depuis que les travaux d'une chercheuse allemande ont montré, à l'aide de recherches médico-légales et de procédures informatiques de reconnaissance faciale, que le masque de Shakespeare conservé à Darmstadt pourrait quand même être authentique.

Mais si le livre de Benkard suscita quelques débats critiques, il offrit surtout l'occasion à un large public de découvrir, avec un respect mêlé de crainte, les derniers visages d'autant d'hommes célèbres, reproduits sur des photos d'excellente qualité (sans que l'on sache d'ailleurs quels photographes les ont prises). Dans l'introduction de son ouvrage, Benkard met, non sans pathos, l'accent sur le sentiment d'admiration qui doit saisir tout observateur de masques mortuaires :

> *Les masques mortuaires sont pour nous un objet de la plus haute vénération, car en tant qu'emblèmes du visage, ils conservent l'ultime trace spirituelle d'un homme que nous avons jadis connu ou dont l'importance nous concernait tous. Les masques conservent, alors même que l'inévitable dissolution est partout ailleurs à l'œuvre. Ils annoncent aussi un nouveau devenir dont ils transportent le pressentiment. C'est ainsi, pleins de mystère, qu'ils se trouvent entre deux formes de l'existence dont nous croyons connaître l'une et dont nous ne connaissons l'autre que dans la croyance.*

Malgré sa rhétorique de la modestie qui lui fait parler de son livre comme d'une « *première tentative* » encore défectueuse, Benkard est en réalité pleinement conscient de la qualité de son volume dont il a soigné tous les détails, faisant ainsi de *Das ewige Antlitz* un véritable ouvrage de référence en matière de masques mortuaires. Les livres de Richard Langer, *Totenmasken* (1927), Egon Friedell, *Das letzte Gesicht* (1929), Rosemarie Clausen, *Die Vollendeten* (1941), Max Picard, *Das letzte Antlitz* (1959), Fritz Eschen, *Das letzte Porträt* (1967) et Maurice Bessy, *Mort où est ton visage ?* (1981) présentent certes chacun un choix de reproductions de masques mortuaires toujours légèrement varié, mais sans vraiment apporter de plus-value significative au livre pionnier de Benkard. À l'exception du sien, aucun autre livre ne contient d'ailleurs de reproduction du masque de Hegel, dont le seul exemplaire connu jusqu'à aujourd'hui se trouve au musée de Marbach. J'ajouterai enfin que l'ouvrage *Portraits in Plaster*, paru en 1894 à New York et qui présente les exemplaires de la collection de Laurence Hutton, pourrait être considéré comme ayant servi de modèle au livre de Benkard. Ce catalogue était à l'époque très peu distribué en Europe, mais on sait que Benkard en eut connaissance puisqu'il mentionne la collection Laurence Hutton explicitement dans l'annexe de son ouvrage.

14.

Parmi les premiers lecteurs du livre de Benkard figure le jeune Elias Canetti, qui en 1926 se trouvait à Vienne où il était en train de poursuivre des études de chimie. Dans *Le Flambeau dans l'oreille*, le deuxième volume de son autobiographie couvrant la période de 1921 à 1931, Canetti se souvient avoir découvert, dans la librairie d'un ami, *Das ewige Antlitz* qui, affirme-t-il, venait alors de paraître. Canetti, qui n'avait encore jamais vu de masques mortuaires, est tout de suite captivé. « *Je sentis,* écrit-il bien des années plus tard, *que j'approchais de l'instant dont je savais le moins de choses.* » Bien qu'il n'ait alors que vingt et un ans, Canetti, qui a perdu son père très jeune, se dit tétanisé par la disparition irrémédiable des morts dont il n'arrive plus à convoquer les visages tels qu'ils étaient durant la vie :

> *Et maintenant je voyais ceux avec les pensées et les œuvres desquels je vivais, que j'aimais pour leurs bonnes actions, que je haïssais pour les mauvaises, ils restaient immuables devant moi, les yeux fermés, comme si on avait pu encore les ouvrir, comme si rien d'irrémédiable ne s'était encore produit ; est-ce qu'ils se possédaient encore eux-mêmes, entendaient-ils ce qu'on leur disait, à eux seuls ? Je chancelais de l'un à l'autre, comme si j'avais dû saisir et garder chacun d'entre eux. Je ne parvenais pas à comprendre qu'ils fussent réunis dans ce livre. Je craignais de les voir se lever et partir dans les directions les plus diverses, chacun la sienne. Je n'en reconnaissais que peu sans regarder leur nom, ils étaient rejetés dans l'impuissance sans leur nom. Dès qu'on les avait liés à leurs noms, ils se sentaient protégés contre la décomposition.*

Canetti se montre fasciné par l'idée de garder une dernière image d'avant la désintégration du corps : comme si la personne représentée avait accepté d'offrir, de condenser dans une telle empreinte tout ce qu'elle avait pu être. Mais tous les masques ne témoignent pas d'un tel accord paisible. Il y a aussi des masques torturés, dont le sens réside selon Canetti dans la vérité qu'ils dévoilent : celle du fardeau qui pesait sur Walter Scott ; celle de l'imbécillité mordante de Swift ; celle de l'agonie de Géricault. Cependant, il y a dans tous les masques quelque chose qui dépasse ce que l'écrivain appelle « *la mort-meurtre* » : c'est le souffle qui s'arrête comme s'il était seulement retenu. C'est ce dernier souffle que le masque conserve selon Canetti sous la forme d'une image. Grâce au masque de Pascal auquel il ne cesse de retourner, Canetti finit par comprendre comment le souffle peut « *devenir effigie* » :

La douleur a atteint ici son achèvement, elle y a trouvé sa signification, longuement recherchée. La douleur qui doit rester pensée ne peut pas obtenir plus. S'il existe une agonie au-delà de la plainte, c'est ici qu'on la trouve. Le voisinage lentement conquis de la mort, à pas indiciblement petits, minuscules, portés par le désir de franchir son seuil pour trouver ensuite l'inconnu. On [...] *a ici, devant soi, l'effigie de l'un de ces hommes au moment où il atteint son but, homme qui s'est certes entendu à se faire mal à lui-même, mais qui a pensé cependant infiniment plus que cette mutilation. Tout ce qu'il a accompli contre la vie s'est reflété dans sa pensée. On peut dire en effet que son visage est éternel, car il exprime précisément cette éternité à laquelle il tenait tant. Il repose dans sa douleur qu'il refuse d'abandonner. Il demande autant de douleur que l'éternité peut en accueillir et, quand il a atteint la pleine mesure de ce qu'elle lui accorde, il la lui offre et il entre dans l'éternité.*

15.

Contrairement à ce qu'on lit parfois, l'ouvrage de Benkard n'a jamais été traduit en français. En revanche, il en existe une version anglaise, parue en 1929 sur la base de la troisième édition allemande. Traduite par Margaret M. Greene sous le titre *Undying Faces (Visages immortels)*, elle a paru auprès de la petite maison d'édition Hogarth Press, fondée en 1917 par Leonard et Virginia Woolf à Londres.

L'intérêt de Virginia Woolf pour les masques mortuaires et plus généralement pour toutes sortes d'effigies mortuaires est attesté, entre autres, par un essai que l'écrivaine publie en avril 1928, à peine un an avant la parution de *Undying Faces*. Intitulé « Ouvrages de cire à l'abbaye », ce bref récit raconte une visite faite par Woolf à ce qui s'appelait alors l'« Upper Islip Chapel » (aujourd'hui : « Florence Nightingale & Nurses' Chapel ») à l'abbaye de Westminster. C'est là qu'on conservait à l'époque les effigies, fabriquées en bois et en cire, des monarques et d'autres membres de la famille royale d'Angleterre depuis la fin du Moyen Âge. Pour profiter pleinement de l'effet de ces figures en cire, Virginia Woolf recommande à ses lecteurs et lectrices de leur rendre visite seul, sans l'accompagnement des guides, ces « *messieurs en robe noire* » qui noient leurs auditeurs sous une avalanche de renseignements plus ou moins ennuyeux. « *Si vous êtes très malicieux et très ennuyé, et si vous traînez un peu ; si la clé qui est restée sur la porte s'ouvre facilement et que la question de savoir si vous avez ou non enfreint la loi de votre pays reste ouverte, vous pouvez vous glisser à côté, monter un petit escalier mal éclairé et vous trouver seul dans une très petite pièce avec la reine Élisabeth.* »

La description que Virginia Woolf fournit des figures de souverains et en particulier de leurs visages cherche à faire oublier qu'on est en réalité face à des effigies en cire. La reine Élisabeth est ainsi montrée comme une figure sur le point de revivre : « *Penchée un peu vers l'avant comme si elle vous faisait signe de vous approcher, elle porte son sceptre dans une main, son orbe dans l'autre.* [...] *Ses yeux sont grands ouverts et vigilants ; son nez fin comme le bec d'un faucon ; ses lèvres fermées ; ses sourcils voûtés ; seule la mâchoire donne à son visage finement dessiné son caractère massif.* [...] *Elle ne vous permettra pas de regarder ailleurs.* »

Ce n'est que face au mannequin du duc de Buckingham Edmund Sheffield, le seul de la collection à avoir adopté l'apparence d'un gisant, que le visiteur réalise soudain que ces figures sont des effigies mortuaires : « *À cette seule occasion on nous rappelle le fait que ces effigies furent moulées à partir des morts et qu'elles étaient posées sur les cercueils et promenées à travers les rues. Le jeune duc de Buckingham, mort à Rome de la tuberculose, est le seul à avoir accepté la mort. Il est couché calmement, avec son hermine sur les épaules et sa petite couronne, mais ses yeux sont fermés ; son nez forme un grand sommet entre ses joues effondrées ; il a succombé à la mort et repose dans son calme.* »

Le récit de Woolf oscille ainsi entre l'effet de vie produit par les masques de cire et le rappel qu'il s'agit de personnes décédées, souvent depuis de longues années. Les visages des souverains tels qu'elle les décrit sont, tout comme ceux des masques dans le livre de Benkard, des visages immortels ou du moins immortalisés, ils semblent pour l'éternité vouloir rester sur le seuil entre la vie et la mort. Comme les masques de Walter Krieg, les effigies de l'abbaye de Westminster ont failli disparaître durant la Seconde Guerre mondiale, lors des bombardements menés par l'aviation allemande en 1941, et elles n'ont pu être préservées que grâce à d'importants travaux de restauration.

Dans un compte rendu de l'édition anglaise du livre de Benkard datée de 1930, le jeune philosophe Isaiah Berlin exprime sa fascination au sujet de l'ouvrage, lequel s'adresse selon lui avant tout aux « *connaisseurs des choses mortes et mourantes* ». C'est d'abord l'expressivité des masques reproduits qui l'impressionne, et qu'il trouve bien plus marquée sur les photos du livre que dans des sculptures modelées d'après le vif : « *Si quelqu'un est incertain si le masque mortuaire est plus proche de la sculpture ou de la photographie,* écrit-il, *il faut qu'il regarde ce livre. Je suis convaincu qu'il sera alors forcé d'admettre qu'un masque mortuaire est souvent plus expressif et plus vrai en termes psychologiques que la ressemblance que le sculpteur aura modelée d'après le visage vivant.* » Parmi les masques représentés, le philosophe se montre, tout comme Canetti avant lui, particulièrement impressionné par celui de Pascal, qui lui semble « *consumé par une flamme intérieure, très faible et fragile, brûlé au point de n'être plus qu'une ombre transparente* ». Celui de Swift lui paraît « *froid et blanc et cruel, sans aucune étincelle d'humanité* », tandis que celui de Lessing montre à ses yeux la face la plus noble de tous. De celui de Hegel, Isaiah Berlin ne retiendra que la « *solennité immense, toute romaine* » avant de conclure, comme d'ailleurs le livre de Benkard, par le masque de l'Inconnue de la Seine dont l'innocente beauté lui paraît dépasser tout ce que la peinture du XVIIIe siècle, anglais ou français, a réussi à atteindre.

16.

À la même époque, en France, les surréalistes se montrent fascinés par l'ouvrage de Benkard. C'est sans doute, on l'a vu, Paul Éluard qui a découvert le livre lors d'un de ses allers-retours entre la Suisse et la France, au tout début de l'année 1929. Fin janvier, il en a envoyé un exemplaire à Breton, et à la mi-février, en fait parvenir un autre à Joë Bousquet avec qui il est en contact épistolaire depuis un an.

Si André Breton est passablement éclectique dans son appréciation du livre de Benkard – dans sa réponse à Éluard, il en retient uniquement les masques de Swift, de Hegel et de l'Inconnue de la Seine –, Éluard, quant à lui, se montre surtout fasciné par le masque de l'Inconnue de la Seine. Dans une lettre envoyée d'Arosa quelques jours plus tard, il avoue à son correspondant avoir rêvé d'elle la nuit précédente : « *Elle était en barque, seule. Elle disait : "Je crains… je crains." Très calme. Elle se laissa soudain glisser, les bras ouverts, en murmurant : "Espaces !" Je me suis alors éveillé, monstrueusement calme, heureux presque.* » À son envoi, Éluard joint une autre reproduction, sans doute sous forme de carte postale (non conservée), dont on a connaissance grâce au commentaire suivant : « *Ci-joint le masque de l'Inconnue de la* [sic] *Sélestat (près Strasbourg). Quelle pudeur aussi.* »

Pourquoi Éluard tient-il à envoyer à son ami une photo de ce masque, alors que celui-ci figure aussi dans le livre de Benkard, aux premières pages de l'annexe, de face et de profil ? Il est en tout cas certain qu'il y a un air de familiarité entre les deux moulages de femmes inconnues, ne serait-ce que parce que les deux semblent effectivement sourire. Contrairement au masque de l'Inconnue de la Seine, celui de l'Inconnue de Sélestat **(ill. 5)** – qui est un buste plus qu'un masque – doit sa conservation au seul effet du hasard : lorsqu'on le découvre en 1893 à l'occasion de la réfection de l'église romane de Sainte-Foy à Sélestat, il se présente sous la forme d'un moule en creux qui s'était formé lorsque, à l'enterrement du cadavre vers l'an 1200, on le recouvrit d'un mélange de plâtre et de chaux vive, probablement pour des raisons de désinfection. C'est à partir de ce négatif naturel qu'on a effectué plusieurs moulages, dont celui reproduit par Benkard qui note à son propos : « *Ce buste, si saisissant dans l'expressivité de ses traits, ne fait pas partie des masques mortuaires au sens strict ; en tant que chef-d'œuvre de la nature, il est né du hasard et grâce à un concours de circonstances étranges.* »

Que ce soient surtout ces deux masques de femmes inconnues qui rencontrent l'intérêt d'Éluard et, jusqu'à un certain point, de Breton, me semble assez significatif. Les deux hommes connaissent en effet entre 1928 et 1930 une période de déboires amoureux. André Breton est en train de se séparer de sa femme Simone qu'il avait épousée en 1921 et qui l'avait activement accompagné durant toute la première phase du surréalisme. Après avoir découvert à l'automne 1928 la liaison de Simone avec Max Morise, Breton décide de demander le divorce. En même temps, il connaît lui-même depuis 1926 plusieurs aventures, dont celle avec Léona Delcourt, dite Nadja, et une autre, particulièrement tumultueuse, avec Suzanne Muzard, laquelle emménage chez lui en ce mois de janvier 1929, un mois à peine après avoir épousé Emmanuel Berl. Cette situation personnelle passablement embrouillée s'ajoute aux doutes grandissants de Breton au sujet de l'orientation générale du mouvement surréaliste ; des doutes qui déboucheront à terme sur la rédaction du *Second Manifeste du surréalisme* et les conflits et expulsions qui l'accompagnent. Dans la même lettre dans laquelle il remercie Éluard de l'envoi du livre de Benkard, Breton exprimera, face à son ami, son profond désarroi : « *J'ai quelquefois peur de t'attrister. Au vrai, je n'en mène pas large. Je poursuis, toujours avec la complicité des merveilleux éclairs, ma petite existence rigoureusement exterminante.* » L'expression a de quoi surprendre.

Éluard de son côté ne va pas beaucoup mieux, tant du point de vue de sa santé, qui l'oblige souvent à se ménager, que dans ses rapports avec Gala. Les lettres à son épouse montrent, en dépit des fervents serments d'amour que Paul lui adresse, que les deux mènent à l'époque des vies largement indépendantes, chacun de son côté et avec des partenaires changeants. Ainsi Gala reste-t-elle à Arosa lorsque Paul se déplace à Paris à plusieurs reprises, en janvier et mars 1929. Lorsqu'il fait un saut à Berlin, à la mi-mars, puis en Bavière, Éluard est accompagné d'abord de son amie Janine Bouissounouse, puis de Thea Sternheim surnommée « Mopsa » et de la belle Alice Apfel dite « la Pomme », avec laquelle le poète vivra une brève aventure amoureuse. Gala, de son côté, multiplie des liaisons de passage, à Arosa puis à Locarno en Suisse italienne. Tout semble préparer sa rencontre décisive, quelques mois plus tard, avec un certain Salvador Dalí.

17.

Tel est le contexte personnel dans lequel Éluard et Breton prennent connaissance de la collection de masques mortuaires réunie par Benkard. Mais les deux Inconnues, celle de la Seine et celle de Sélestat, qui incarneraient à la perfection le mystère féminin que les surréalistes idolâtrent, ne sont cependant pas seules à retenir leur intérêt. Dans la lettre à Joë Bousquet où il lui recommande de se procurer le livre de Benkard, Éluard mentionne d'autres figures : « *Vous y trouverez les prodigieux visages de Swift, de Hugo, de Robespierre et la féerie du sourire de l'Inconnue de la Seine.* »

La mention du masque de Jonathan Swift sous la plume d'Éluard et de Breton indique clairement l'importance que le satiriste irlandais prend alors dans l'imaginaire surréaliste. Depuis le premier *Manifeste du surréalisme* de 1924, il se trouve parmi les références incontournables du mouvement, puisqu'on y lit, en bonne place, que « *Swift est surréaliste dans la méchanceté* » – une idée que Breton explicitera dans la notice consacrée à l'écrivain dans son *Anthologie de l'humour noir* de 1940, qui s'ouvre, précisément, sur Swift considéré par Breton, en raison de son invention de la « *plaisanterie féroce et funèbre* », comme « *le véritable initiateur* » de l'humour noir. Breton prendra soin alors d'opposer la figure de Swift à celle de Voltaire en comparant notamment leurs « masques » respectifs :

> *À Voltaire l'oppose* [...] *toute la manière de réagir au spectacle de la vie, comme en témoignent si expressément leurs deux masques : l'un en proie à un perpétuel ricanement, celui de l'homme qui a pris les choses par la raison, jamais par le sentiment, et qui s'est enfermé dans le scepticisme, l'autre impassible, glacial, celui de l'homme qui les a prises de la manière inverse et qui a été sans cesse indigné.*

Je crois qu'il faut prendre ici le terme de « masque », tel qu'il apparaît sous la plume de Breton, dans son sens le plus littéral : celui se référant aux masques mortuaires, ou pris pour tels, des deux hommes. Nous avons déjà rencontré celui de Swift, dont Isaiah Berlin avait lui aussi affirmé qu'il était « *froid et blanc et cruel, sans aucune étincelle d'humanité* » ; quant au prétendu masque mortuaire de Voltaire, qui n'est pas reproduit par Benkard, il circulait depuis le centenaire de la mort du philosophe notamment sous la forme d'une estampe et, entre 1930 et 1940, sous celle de deux clichés du même masque, pris à une date indéterminée par le photographe Albert Rudomine. On ne s'étonnera pas que ce dernier eût aussi réalisé, dès 1927, plusieurs photographies de la « vierge inconnue du canal de l'Ourcq », dont une, intitulée « Ophelia », où le masque paraît flotter parmi des nénuphars.

Quant à la figure de Robespierre, elle est chère à Breton et Éluard, du moins au tournant des années 1930. Mais il n'en a pas toujours été ainsi. À l'époque de Dada, le célèbre révolutionnaire est apprécié très inégalement par les deux hommes. Dans la pseudo-enquête « Liquidation », dont les résultats sont publiés dans la revue *Littérature* en mars 1921, Breton lui accorde 14 points sur 25, tandis qu'Éluard opte pour un franc –25, la plus mauvaise note possible. Avec le virage « révolutionnaire » pris de plus en plus explicitement par le mouvement surréaliste, le nom de Robespierre, souvent accolé à celui de Sade, en viendra à désigner le désir de « négativité sanglante » qui anime les surréalistes. Celui qui s'identifiait alors le plus à Robespierre, à savoir Robert Desnos, n'hésitera pas dans *La Liberté ou l'Amour !* à imaginer telle scène sanglante : « *Le bourreau, d'un geste renouvelé et toujours identique à lui-même, soulève des têtes tranchées. Têtes d'aristocrates ridicules, têtes d'amoureux pleines de leur amour, têtes de femmes qu'il est héroïque de condamner.* »

Ces lignes sont d'autant plus intéressantes si l'on se souvient que Marie Tussaud affirme dans ses *Mémoires* avoir moulé le masque mortuaire du révolutionnaire à partir de sa tête tranchée. Selon elle, ce n'était pas la première fois qu'elle avait pris un moulage de son visage. Robespierre lui-même lui aurait demandé, quelques années plus tôt, de prendre son moulage qui devait alors servir de base à une sculpture. L'empreinte reproduite par Benkard dans *Das ewige* Antlitz doit probablement être identifiée à ce premier masque pris sur le vif. Lors de son arrestation, Robespierre fut blessé à la mâchoire par un tir de pistolet et défiguré par le bourreau au moment où ce dernier lui arracha brutalement le pansement avant de le guillotiner. En plus, le masque figurant dans le livre de Benkard porte la trace de deux fils perpendiculaires et non d'un seul comme c'était l'usage lorsqu'on prenait le masque d'un mort. Cette façon de faire, relevée entre autres par le journaliste et sculpteur Alfred Bohnagen, est révélatrice dans ce contexte : « *Dans la mesure où le prélèvement d'un masque peut être douloureux au cas où des poils continueraient à adhérer au moulage, on pose au-dessus du fil vertical un second dans le sens horizontal, de façon à ce que le masque puisse être découpé de long en large et ainsi enlevé du modèle vivant d'autant plus facilement.* »

On sait que Breton possédait lui-même un exemplaire du masque de Robespierre, acquis à une date inconnue, et qu'il avait suspendu ce dernier au mur de son appartement. Dans *Phénix du masque*, un essai rédigé bien plus tard, à l'occasion d'une exposition de masques tribaux au musée Guimet en 1959, Breton insistera pour mettre les masques exposés (dont certains provenant de sa propre collection) en rapport avec les masques mortuaires puisque, affirme-t-il, il ne faut surtout pas « *briser la chaîne émotionnelle qui nous rattache aux pulsions profondes dont le masque est issu* ». Et Breton de continuer : « *Quoi qu'ait fait le monde civilisé pour conjurer les sonneries d'alarme si promptes à se déclencher dans le masque, on peut encore juger de la vivacité des réactions qu'il provoque en présence des masques mortuaires. De tels masques appellent une confrontation passionnée, presque jalouse, avec l'image que nous gardons ou que nous nous sommes faite d'un être disparu.* »

C'est à la même occasion que Breton tiendra à évoquer la fascination qui fut la sienne et celle d'Éluard devant ces masques, sans indiquer toutefois comme source le livre de Benkard, alors même qu'il lui emprunte deux de ses reproductions : celle du masque de Hegel ainsi que celle du masque de Nietzsche dans sa première version, avant l'intervention de la sœur du philosophe qui en avait fait produire en 1910 une version édulcorée. Aux yeux de Breton, il faut oser s'exposer aux masques mortuaires dans leur inquiétante étrangeté, leur Unheimlichkeit, comme la « *rêverie* » surréaliste l'avait jadis fait avec détermination :

> *D'une telle épreuve sortent comme confirmés et grandis les Pascal, Swift, Hegel, Nietzsche. La rêverie qui, spécifiquement, se donne cours à Paris, n'hésite pas une seconde à se reconnaître dans le fameux masque de l'Inconnue de la Seine. En revanche, tant qu'il fut suspendu à mon mur, je gardai un doute quant à l'authenticité du masque de Robespierre et rien ne mettait Paul Éluard hors de lui comme d'entendre soutenir que le masque donné pour celui de Baudelaire pût véritablement être le sien.*

Pour Éluard, qui se considérait pour ainsi dire comme « *le frère de Charles* » (c'est du moins ce qu'on lit dans la feuille *Dada au grand air* de 1921), il est hors de question d'accepter l'idée que le masque paisible de Baudelaire, tel qu'il est reproduit par exemple dans l'ouvrage de Bessy sans aucune indication de provenance, serait le masque authentique de l'auteur des *Fleurs du mal*. Aux yeux d'Éluard, Baudelaire, « *ce guillotiné* » comme il l'appellera en 1933, avait une tête immédiatement reconnaissable : on pouvait l'identifier « *physiquement et moralement, sans l'avoir jamais vu* ». On s'étonnera d'autant plus qu'Éluard, à en croire la lettre à Bousquet, semble en revanche avoir apprécié le masque mortuaire de Victor Hugo, pourtant assez conventionnel, prélevé par Amédée-Paul Bertault sous la direction du sculpteur Jules Dalou. Reproduit dans l'ouvrage de Benkard, ce moulage – qu'il ne faut pas confondre avec la sculpture mortuaire, quelque peu théâtrale, produite par Dalou à partir du masque proprement dit – est aujourd'hui conservé au musée Carnavalet.

18.

Si André Breton, bien plus qu'Éluard, tient dès 1929 à accorder une place de choix au masque de Hegel, s'il le sélectionne à nouveau, trente ans plus tard, afin de le faire figurer dans son essai *Phénix du masque*, c'est que la figure et l'œuvre du philosophe allemand n'ont jamais, pendant toutes ces années, cessé de l'intriguer ; j'ai même envie de parler à son propos d'une véritable obsession qui trouve son emblème dans le prétendu masque mortuaire du philosophe. Dans ses entretiens avec André Parinaud en 1952, Breton se montrera catégorique quant à l'importance fondamentale que Hegel avait toujours eue pour lui : « *Où la dialectique hégélienne ne fonctionne pas, il n'y a pour moi pas de pensée, pas d'espoir de vérité.* »

Selon ses propres dires, l'intérêt de Breton pour la pensée du philosophe allemand a été suscité très tôt, dès sa classe de philosophie au lycée Chaptal en 1912, en réaction aux sarcasmes dont son professeur de philosophie, André Cresson, accablait la pensée hégélienne. Au moment de la naissance du mouvement surréaliste, douze ans plus tard, sa connaissance de l'œuvre de Hegel semble toutefois encore assez limitée, car mis à part un mot de Hegel reproduit par le Bureau de recherches surréalistes de la rue de Grenelle sur un papillon publicitaire – « *On ne saurait rien attendre de trop grand de la force et du pouvoir de l'esprit*. HEGEL. » –, la présence du philosophe se limite alors à une seule mention, et de surcroît indirecte, dans le premier *Manifeste du surréalisme* où il est affirmé à propos des sonnets de Nerval que ceux-ci ne sont « *guère plus obscurs que la métaphysique de Hegel* ». À mon sens, Georges Sebbag a donc bien raison de parler de l'« *hégélianisme de façade* » du premier surréalisme.

En réalité, il faudra attendre la seconde moitié des années 1920 et surtout le séjour prolongé de Breton sur l'île de Sein, en Bretagne, à l'été 1929, pour que le poète se mette à lire Hegel de manière plus assidue. Avant sa regrettable vente aux enchères en 2003, la bibliothèque de Breton contenait de nombreux ouvrages non seulement de, mais aussi sur Hegel. On y trouvait des traductions françaises, toutes établies au XIXe siècle, de la *Poétique* de Hegel par Charles Bénard ; de la *Philosophie de la nature*, de la *Philosophie de l'esprit*, de la *Logique* et de la *Philosophie de la religion* par Auguste Véra, mais aussi de nombreux essais sur l'œuvre de Hegel, dont une partie non négligeable date précisément de la fin des années 1920 : de l'époque donc où Breton commence à élaborer le *Second Manifeste du surréalisme*. À ce qu'il semble, ces ouvrages étaient rangés, dans la bibliothèque de Breton, directement à côté de ceux de Freud : une proximité qui en dit long sur la place que Hegel occupait alors dans la pensée de Breton.

Face à ceux parmi les surréalistes qui s'inquiètent à l'époque de voir le mouvement prendre une orientation de plus en plus ouvertement politisée, Breton retiendra dans son *Second Manifeste* notamment ceci, en se fondant sur un extrait de la *Philosophie du droit* de Hegel :

> *Je ne sais s'il y a lieu de répondre ici aux objections puériles de ceux qui, supputant les conquêtes possibles du surréalisme dans le domaine poétique où il a commencé par s'exercer, s'inquiètent de lui voir prendre parti dans la querelle sociale et prétendent qu'il a tout à y perdre. C'est incontestablement paresse de leur part ou expression détournée du désir qu'ils ont de nous réduire. « Dans la sphère de la moralité », estimons-nous qu'a dit une fois pour toutes Hegel, « dans la sphère de la moralité en tant qu'elle se distingue de la sphère sociale, on n'a qu'une conviction formelle, et si nous faisons mention de la vraie conviction c'est pour en montrer la différence et pour éviter la confusion en laquelle on pourrait tomber en considérant*

la conviction telle qu'elle est ici, c'est-à-dire la conviction formelle, comme si c'était la conviction véritable, tandis que celle-ci ne se produit d'abord que dans la vie sociale ».

Il est assez osé de la part de Breton d'utiliser Hegel ici comme un argument d'autorité définitif, surtout si l'on sait que la *Philosophie du droit* n'a alors toujours pas été traduite intégralement en français ; en réalité, Breton tire sa citation, qu'il présente comme une vérité généralement acquise, d'une note en bas de page de la traduction, par Véra, de la *Philosophie de l'esprit*.

Le recours à Hegel, dans le *Second Manifeste du surréalisme*, s'explique par la situation pour le moins inconfortable dans laquelle Breton se trouve alors. Parmi les surréalistes, il y a d'un côté ceux qui, comme Artaud, considèrent que tout rapprochement avec le communisme et le Parti risque de compromettre la liberté de pensée du groupe. C'est lui, entre autres, qui est visé par le passage que je viens de citer. Mais il y a, d'autre part, ceux qui, comme Aragon, sont sur le point de quitter le mouvement pour rejoindre le Parti. Pour l'instant, il s'agit pour Breton de fournir à ces derniers un certain nombre de garanties concernant la priorité que le mouvement donnera désormais à la « *sphère sociale* » au détriment de la seule « *sphère morale* », pour reprendre le vocabulaire hégélien mobilisé par Breton. En des termes plus clairs, il s'agit de faire évoluer le surréalisme vers un engagement plus immédiatement révolutionnaire en passant, pour reprendre les titres des deux revues surréalistes de l'époque, de la « *révolution surréaliste* » au « *surréalisme au service de la révolution* ».

Pour faire un geste en direction d'Aragon qui appelle à en finir avec l'idéalisme hégélien, Breton se voit en même temps contraint d'expliciter sa lecture du philosophe allemand. Reprenant à son compte l'idée de « *l'avortement colossal du système hégélien* » constaté par Engels dans son Anti-Dühring, Breton cherche cependant dans son manifeste à éviter une interprétation trop étroitement économique du matérialisme historique. « *Il me paraît impossible qu'on assigne des limites, celle du cadre économique par exemple, à l'exercice d'une pensée définitivement assouplie à la négation, et à la négation de la négation.* » Et Breton d'ajouter, cette fois-ci face aux thuriféraires de l'orthodoxie communiste : « *Je ne vois vraiment pas, n'en déplaise à quelques révolutionnaires d'esprit borné, pourquoi nous nous abstiendrions de soulever, pourvu que nous les envisagions sous le même angle que celui sous lequel ils envisagent – et nous aussi – la Révolution : les problèmes de l'amour, du rêve, de la folie, de l'art et de la religion.* » Il s'agit en somme, pour le surréalisme tel que Breton le conçoit au tournant des années 1930, de sauver Hegel contre Hegel : d'accepter avec Engels de le remettre « *sur ses pieds* » tout en s'intéressant avant tout à sa tête.

Auprès de ceux qui s'étaient vus insultés par Breton dans le *Second Manifeste* en raison de l'insuffisance de leur feu révolutionnaire, la lecture très astucieuse de Hegel proposée par Breton fit cependant long feu. Certains, à l'instar de Georges Limbour, se permirent même de se moquer ouvertement, dans le pamphlet *Un cadavre*, des pirouettes dialectiques de Breton : « *Embrassant le communisme, M. Breton voulait paraître le tirer logiquement de son esprit. On se précipita chez le libraire. On se mit à la lecture du Capital dont on avait déjà entendu parler. On produisit des phrases de Hegel et de Feuerbach. Derrière un paravent de fumée philosophique, on accoutra le surréalisme d'une robe rouge. Hegel était dur à lire, mais enfin Croce n'en avait-il pas fait une excellente étude ? On puisa des arguments dans Hegel-Croce. Ainsi, avec de la philosophie diluée dans du Mandarin, on fit une sorte de ciment idéologique dont on masqua cette solution de continuité un peu trop visible qui subsistait entre le système surréaliste et le matérialisme historique.* » Voilà qui avait au moins le mérite de la clarté.

19.

Si certains pouvaient avoir des doutes quant à la validité de la pensée hégélienne pour le surréalisme, le troisième numéro de la revue *Le Surréalisme au service de la révolution* qui sort des presses en décembre 1931 cherche à régler les choses de façon définitive. C'est en effet au milieu de la première page, sous le titre « *Georg Wilhelm Friedrich Hegel* (1770-1831) », que figure la tête du philosophe **(ill. 6)**, sous la forme d'un dessin manifestement tiré d'après la reproduction photographique du masque mortuaire de Hegel vu de profil. À l'occasion de la commémoration du centenaire de la mort du philosophe, la page oppose, dans un évident souci de provocation, la réception de Hegel en France à celle en URSS. « *La philosophie du droit n'a jamais été publiée en français* », lit-on à gauche ; et à droite : « *Le plan quinquennal est fondé sur la dialectique.* » L'accusation qui est formulée en bas de page est nette : c'est la bourgeoisie française qui, « *au mépris de tous les devoirs culturels qu'elle prétend assumer* », met les œuvres de Hegel « *hors de la portée de tous ceux dont elle ne s'est pas assuré le contrôle par l'argent* », que ce soit en vendant hors de prix les rares ouvrages disponibles ou en renonçant même à les faire traduire. « *Elle parvient ainsi à cacher aux révolutionnaires l'origine même de la dialectique.* »

Cette page d'introduction est suivie d'un long article signé Aragon, « Le Surréalisme et le devenir révolutionnaire », qui conclut à son tour à la double impossibilité de considérer « *le devenir du surréalisme indépendamment de celui du matérialisme dialectique* » et « *le devenir des surréalistes en dehors du celui du Prolétariat* ». Quelques mois plus tard à peine, ces professions de foi sont toutefois devenues caduques, et Aragon optera définitivement pour le communisme tandis que Breton et ceux qui lui sont restés fidèles (Éluard, par exemple) continuent de chercher une troisième voie entre un surréalisme à tendance anarchiste et son adhésion – ou faudrait-il plutôt parler de soumission ? – au communisme. Ce n'est qu'en 1938, après la rupture cette fois-ci irrémédiable avec le Parti, que Breton se permettra, à l'occasion d'un voyage au Mexique où il rencontrera notamment Trotski, Diego Rivera et Frida Kahlo, de redire son adhésion fondamentale à la pensée de Hegel :

> *Il n'est besoin, dans certains milieux qui se prétendent révolutionnaires, que de prononcer le nom de Hegel pour voir les fronts se rembrunir. Tout ce qu'ils veulent savoir de Hegel est que la dialectique, avec lui, « se tenait sur la tête », et que Marx l'a heureusement « remise sur ses pieds ». On les étonnera beaucoup en leur faisant remarquer que cette image d'intérêt purement polémique est elle-même empruntée à Hegel qui a fait observer que c'est avec la Révolution française, la première fois, qu'on a « vu l'homme se dresser sur sa tête, c'est-à-dire se baser sur sa pensée et construire la réalité à son image ».*

Au-delà du domaine politique, la figure de Hegel est liée pour Breton à son intérêt pour la notion d'umour chère à Jacques Vaché, puis à celle d'humour « moderne » ou noir. Étienne-Alain Hubert a montré que c'est dans les cours d'esthétique de Hegel édités dès 1835 par Heinrich Gustav Hotho, traduits en français dès le début des années 1840, que Breton a pu trouver, dans les dernières pages de la section consacrée à l'art dit « romantique » et à sa dissolution, des réflexions sur ce que Hegel appelle « un humour *en quelque sorte* objectif ». Le passage que Breton cite *in extenso* dans la préface de son *Anthologie de l'humour noir* mérite qu'on s'y attarde encore un instant, ne serait-ce que dans la mesure où il met en évidence la redoutable difficulté du texte hégélien. En effet, après avoir discuté le phénomène de la dissolution de l'art dit « romantique », tiraillé entre la reproduction d'une objectivité extérieure d'une part et l'humour d'une subjectivité intérieure de l'autre, Hegel affirme, sans vraiment développer cette idée, qu'il voit s'esquisser la possibilité du dépassement de cette opposition qui avait marqué l'art romantique dans sa totalité : « *Mais, maintenant, si cet intérêt va jusqu'à faire que l'esprit s'absorbe dans la contemplation extérieure, et qu'en même temps l'humour, tout en conservant son caractère subjectif et réfléchi, se laisse captiver par l'objet et sa forme réelle, nous obtenons dans cette pénétration intime* un humour *en quelque sorte* objectif. » Aux yeux de Breton, l'un des mérites de Hegel est donc également d'aider le surréalisme à penser les deux noyaux de sa poétique, ce que Breton appelle « *le sphinx noir de l'humour objectif* » et le « *sphinx blanc du hasard objectif* », la création humaine étant à concevoir pour le surréalisme, dialectique oblige, comme « *le fruit de leur étreinte* ».

20.

Les surréalistes n'étaient pas les seuls, en 1931, à utiliser le masque de Hegel tel qu'ils l'avaient rencontré dans le livre de Benkard afin de défendre leur idée de l'héritage que le philosophe allemand avait laissé. Si, pour eux, Hegel prenait sa place dans une filiation révolutionnaire qui passait par Feuerbach, Marx et Engels, noms auxquels Breton ajoutait volontiers ceux d'Eduard von Hartmann, auteur de la *Philosophie de l'inconscient*, et de Sigmund Freud, le philosophe était aussi revendiqué par des milieux tout à fait opposés.

À l'occasion des commémorations du centenaire de la mort de Hegel, le prétendu masque mortuaire du philosophe fut ainsi repris, sous la forme d'un dessin, dans le journal *Völkischer Beobachter*, qui était depuis décembre 1920 l'organe de la NSDAP, le parti d'Adolf Hitler. Ce dernier œuvra, jusqu'en 1933, comme éditeur du journal. Au moment des élections au Reichstag de 1930, qui font de la NSDAP le deuxième parti d'Allemagne derrière les socialistes, le *Völkischer Beobachter* tire à plus de 100 000 exemplaires, ce qui en fait l'un des journaux les plus lus du pays.

Le 14 novembre 1931, le lectorat allemand découvre, sous le titre *Zu Hegels Gedächtnis* (En mémoire de Hegel), un dessin de la « face de mort » du philosophe. Signé par un certain « H. M. Wittig », ce dessin **(ill. 7)** reprend manifestement la photographie, cette fois-ci de face, du masque de Hegel telle qu'elle avait été reproduite dans le livre de Benkard. L'article est de la plume du professeur Max Wundt, historien de la philosophie à Tübingen, là même où Hegel avait fait ses études à la fin du XVIIIe siècle. Conservateur et adversaire acharné de la république de Weimar, Wundt s'était fait remarquer dès le début des années 1920 par des ouvrages à caractère nationaliste et antisémite, comme *Deutsche Weltanschauung. Grundzüge völkischen Denkens* (La conception allemande du monde. Bases de la pensée national-populaire) ou *Der ewige Jude* (Le Juif éternel), tous les deux parus en 1926.

Dans son article, Wundt se propose de réexaminer la pensée de Hegel à la lumière de la pensée « *völkisch* » – à défaut d'une solution plus satisfaisante, je traduis ce terme, historiquement très chargé, par le syntagme « national-populaire ». Wundt commence en effet par renvoyer dos à dos les partis de gauche et de droite qui auraient selon lui tenté de « *remodeler* » la philosophie hégélienne

« *jusqu'à ce qu'elle se prête à leurs doctrines respectives* ». Il rappelle que l'école de Hegel s'était scindée, peu de temps après sa mort, en des courants de droite et de gauche, le premier voyant dans le philosophe un représentant du conservatisme puisqu'il avait déclaré « *l'état politique donné comme étant à la fois raisonnable et définitif* », le second reconnaissant au contraire en lui, grâce à la « *double face de sa dialectique* », l'avocat du changement permanent, le « *guide spirituel des mouvements révolutionnaires du* XIXe *siècle* ».

Si Wundt exprime sa conviction que la pensée de Hegel appartient clairement à ce qu'il appelle « *les forces positives et constructives* », s'il se montre persuadé que le philosophe aurait refusé « *la direction purement négative des révolutions* », il prend évidemment soin de ne pas rappeler que Hegel avait l'habitude, chaque année, de trinquer à la Révolution française de 1789. Wundt voit dans Hegel surtout une figure pouvant servir à comprendre sa propre époque, celle des années 1930, pour laquelle les notions de conservatisme et de radicalisme seraient définitivement dépassées. « *La lutte qui est aujourd'hui menée entre le nationalisme et l'internationalisme ne se réduit plus à une telle opposition* », affirme-t-il. Au lieu de continuer à interpréter Hegel selon les clivages du XIXe siècle, Wundt propose de retrouver ce qu'il considère être le moteur de sa pensée, à savoir l'idée de « *Volkstum* », d'« *esprit vivant du peuple* » qui se montrerait à tous les niveaux de la philosophie hégélienne. « *Si elle veut être pérenne, la rénovation de l'État doit trouver sa condition dans une rénovation générale de la vie* », continue Wundt. « *Mais dans la mesure où toutes les manifestations de la vie sont comprises comme relevant d'une unité intérieure, seule une communauté dont les membres sont intrinsèquement liés par la vie peut entrer en ligne de compte en tant que porteuse d'une telle rénovation. Tel est le cas d'un peuple ; et c'est la raison pour laquelle, depuis les débuts, l'idée national-populaire se trouve chez Hegel au centre de sa pensée, ensemble avec celle de la vie de l'esprit.* »

Pour Max Wundt, le masque mortuaire de Hegel, miraculeusement retrouvé en Autriche, dans la patrie du Führer, doit probablement être interprété comme le gage tangible de la promesse, prétendument hégélienne, d'une rénovation national-populaire qui ferait revivre le peuple allemand après sa traversée de l'enfer de la défaite de 1918, puis du purgatoire de la république de Weimar. À moi, il me plaît au contraire de penser que c'est un faux qui a fini par emblématiser non seulement la fausse lecture, mais aussi les fausses promesses de ce professeur de Tübingen.

21.

Si le masque de Hegel s'est prêté à bien des récupérations, s'il a donné lieu à des appropriations de tous bords, l'idée même de faire prélever de soi-même un masque mortuaire – ou disons plutôt *à effet funèbre* – a eu une certaine popularité à l'époque qui nous intéresse. Les catalogues de masques funèbres mettent en évidence, bien souvent malgré eux, qu'il est parfois difficile, voire impossible de distinguer les masques mortuaires des masques moulés sur le vif. À cela s'ajoute le fait que bien des empreintes prises sur le vif sont devenues à terme, après le décès de leurs modèles, des masques pour ainsi dire « mortuaires » : on a vu le cas du masque de Goethe, ou celui de Wolfgang Grözinger.

J'ai eu l'occasion de voir un reportage sur les obsèques de Paul Éluard, initialement diffusé au journal télévisé de 20 heures, le 22 novembre 1952. On y aperçoit certains des compagnons de route d'Éluard, notamment ses amis du Parti communiste, du Comité national des écrivains et des *Lettres françaises*, assister à une cérémonie en l'honneur du poète qui vient de disparaître. Devant l'entrée du Père-Lachaise, Aragon et Vercors (Jean Bruller) tiennent des discours, muets dans la version que j'ai sous les yeux, tandis que

Picasso, Cocteau et Jacques Duclos, le secrétaire général du PCF par intérim, se tiennent dans le public, de même que Cécile, la fille d'Éluard, et Dominique, sa dernière compagne. Devant le corbillard est placé un portrait géant du poète ; à en juger par ses traits fatigués, il doit être assez récent. Enfin, sur le cercueil, recouvert du drapeau français et entouré de gerbes de fleurs, on voit, posé à la place de la tête, ce que tout le monde perçoit comme le masque mortuaire du défunt : un masque en bronze, digne, calme.

Peu de monde est alors conscient du fait que le moulage à la base de ce masque a en vérité été fabriqué vingt-trois ans plus tôt, fin juillet 1929, et qu'il ne s'agit donc pas d'un masque mortuaire proprement dit. Une brève phrase dans une lettre d'Éluard à Breton, datable du 29 juillet de cette année-là, nous informe du prélèvement : « *Fait faire mon masque en plâtre, un pour toi.* » Mais fait faire par qui ? La lettre n'en dit rien, pas plus que la correspondance, pourtant très suivie, qu'Éluard entretient durant l'été avec Gala qu'il sent lui échapper. La difficulté majeure qui se présente à ceux qui, comme moi, cherchent à connaître les circonstances de la fabrication de ce masque, est qu'il est souvent question de masques dans les échanges de lettres d'Éluard, et pas seulement depuis la découverte du livre de Benkard six mois auparavant. Nous savons qu'Éluard, tout comme

Breton, collectionnait et revendait alors des objets d'art, notamment des fétiches, des sculptures et des masques dits primitifs. De cet intérêt, qui fut en même temps un gagne-pain, témoigne encore aujourd'hui le mur de l'atelier d'André Breton reconstitué au musée national d'Art moderne, à Beaubourg. La fascination des surréalistes pour le masque en général précède leur découverte des masques mortuaires ; jusqu'à un certain point, elle l'explique sans doute aussi.

Or il apparaît qu'on a souvent mal compris une lettre d'Éluard envoyée à Breton en mars 1929, à l'occasion d'un bref séjour à Berlin. Éluard y annonce son intention de revenir prochainement à Paris en passant par la Bavière et ajoute : « *Voici des photos de ton masque* », ici encore sans donner d'autres explications. Ces photos n'ont pas été conservées. De quel masque est-il donc question ? Doit-on y lire une référence à un masque que Breton aurait fait faire par le sculpteur allemand Paul Hamann, comme le pensent certains ? J'en doute sérieusement, car cela soulèverait trop de problèmes, à commencer par la question de savoir pourquoi Éluard, parti à Berlin sur un coup de tête, se verrait obligé d'envoyer à Breton des photos d'un masque que ce dernier aurait fait faire – mais quand ? et où ? à ce que je sache, Breton n'est pas allé à Berlin – par Hamann. Il y a cependant une explication bien plus simple. On sait qu'Éluard, à peine arrivé à Berlin, y a acheté des livres russes pour Gala, des peintures (de Klee et Grosz) et plusieurs objets d'art primitif, parmi lesquels « *3 masques péruviens en argent* ». Dans d'autres lettres à Gala, il sera surtout question d'un de ces masques en argent, peut-être même en or, « *vendable au moins 6 ou 7000* ». N'est-il pas probable qu'Éluard ait alors acheté un masque pour Breton, et que c'est la photo de ce masque-là qu'il lui envoie par lettre à Paris ?

Quoi qu'il en soit, je suis convaincu que c'est bien Éluard qui, stimulé par le livre de masques mortuaires de Benkard, a été le premier à décider, en juillet 1929, tandis que Breton vient de partir en villégiature à l'île de Sein, de faire prélever son masque en plâtre. Ce masque **(ill. 8)**, dont plusieurs copies existent, a été fabriqué non par Paul Hamann, à qui j'aurai l'occasion de revenir un peu plus loin, mais par le jeune sculpteur français René Iché, qui travaille à l'époque dans un atelier du XIIIe arrondissement, à Paris. Il n'est pas exclu qu'Éluard ait été aiguillé vers lui par l'intermédiaire de Joë Bousquet, à qui il a rendu visite avec Gala début mai, puisque Bousquet et Iché avaient été condisciples au lycée de Carcassonne. Rappelons qu'en février, Éluard avait adressé un exemplaire de *Das ewige Antlitz* au même Bousquet ; les deux hommes ont vraisemblablement évoqué le sujet des masques mortuaires lors de la visite d'Éluard au printemps. Dans une lettre à son ami Carlo Suarès rédigée quelques jours après la visite d'Éluard, Bousquet exprime en tout cas son inquiétude au sujet de l'état psychique du poète : « *Je me sentais un peu triste d'avoir à trouver derrière une œuvre qui m'aide à vivre un homme qui ne pense qu'à mourir.* » Serait-ce pour le remercier de l'avoir mis en contact avec Iché, ou simplement en souvenir de leur passion commune pour le livre de Benkard, qu'Éluard a fait parvenir à Bousquet, quelques mois plus tard, l'un des moulages de son masque ?

Il est également possible que l'attention d'Éluard pour le travail d'Iché ait été attirée par leur intérêt commun pour la figure de l'Inconnue de la Seine. Selon le catalogue de l'exposition Iché qui s'est tenue en 2023 au musée de La Piscine à Roubaix, le sculpteur se serait en effet passionné, dès 1927, pour ce masque dont des clichés commencent alors à circuler un peu partout, en France comme en Allemagne. À en croire Giovanni Lista, la tête en marbre d'Iché intitulée *Étude d'une noyée* daterait effectivement de 1927 et fut alors exposée dans l'atelier du photographe Marc Vaux, au 114 bis de la rue de Vaugirard. Un buste de l'Inconnue de la Seine sculpté par Iché, qui ressemble par ailleurs bien plus à l'Inconnue de Sélestat qu'au masque de la Joconde du suicide, daterait quant à lui de 1929.

C'est en plein été 1929 qu'Éluard a pris contact avec Iché pour faire exécuter le moulage de son visage avant de repartir à son tour de Paris, quelques jours plus tard, en compagnie de sa fille Cécile. Selon la petite-fille du sculpteur, Rose-Hélène Iché, l'original produit à cette occasion était en cire ou en terre ; des copies ont été coulées en plâtre, notamment pour André Breton et Joë Bousquet. Éluard et sa fille rejoignent ensuite Gala et René Crevel à Leysin puis décident de gagner la Catalogne où les a invités Salvador Dalí. La suite de l'histoire est connue, sauf un détail, toujours en lien avec le masque d'Éluard. À peine ses invités arrivés, parmi lesquels le galeriste belge Camille Goemans et le couple Magritte, Dalí se mettra à peindre le portrait d'Éluard. Ce tableau à l'huile, qui appartenait à la fille du poète avant d'être vendu aux enchères, représente au centre la figure d'Éluard qui flotte sur une étendue de sable. À gauche, on observe un visage qui ressemble à celui du Grand Masturbateur, alter ego du peintre, tandis qu'en haut à droite se trouve, clairement reconnaissable, un masque avec une sorte d'anse, vu à la fois de profil et de derrière, qui affronte la tête d'un lion rugissant. Si l'on ne savait pas que le peintre a représenté ces formes sur d'autres tableaux de la même époque, parfois ensemble, parfois disjointes, on pourrait être tenté d'y lire une allusion ironique, de la part de Dalí, au duo si inégal et pourtant si inséparable que forment à l'époque Paul Éluard et André Breton. Chacun y serait représenté par un masque qui lui correspond : le premier par son faux masque mortuaire, le second par un masque de lion vaguement oriental.

22.

Éluard ayant fait faire une copie de son masque à l'intention de Breton, il n'est pas étonnant que celui-ci décide à son tour de rendre visite à René Iché pour y faire mouler son visage **(ill. 9)**. Cela dit, je ne sais pas à quel moment cela s'est fait : après son retour de l'île de Sein peut-être, lorsque Breton et Éluard se retrouvent tous les deux pour quelques semaines au Terrass Hotel, près de la place de Clichy, ou à l'occasion de la première exposition des peintures de Dalí à la galerie surréaliste de Goemans, rue de Seine, en novembre 1929. Dans la préface qu'il rédige pour le dépliant servant de catalogue, Breton dit sa fascination pour les tableaux du peintre catalan, dans des termes qui ne sont pas sans résonner avec ce qu'il exprimera bien plus tard au sujet des masques exposés au musée Guimet : « *Nous sommes littéralement happés, et ce n'est pas là le moins grave, à la vue de cette tête de lion, grande comme la colère, de ce masque à anse duquel je me retiens encore de penser quoi que ce soit – car j'ai peur – et qui semblent vouloir tourner indéfiniment, sans que leur expression puisse changer, non seulement dans ces* *tableaux mais encore à l'intérieur de nous, oui dans une sorte de vitrine intérieure, et qui se répercutent pour notre effroi dans l'air comme si celui-ci, soudain, se révélait être un simple jeu de glaces* [...]. » Faut-il comprendre, à la lecture de ces lignes, que Breton se serait reconnu, inconsciemment peut-être, dans la figure du lion ?

Ce qui me paraît certain, c'est que les deux masques, celui d'Éluard et celui de Breton, existent déjà au moment où seize membres du groupe surréaliste posent, à tour de rôle, pour des clichés de Photomaton qui seront utilisés, dans le dernier numéro de *La Révolution surréaliste* paru à la mi-décembre 1929, pour encadrer le tableau de Magritte *Je ne vois pas la... cachée dans la forêt*. Sur ces clichés, tous ont les yeux fermés, imitant ainsi l'attitude hiératique des empreintes en plâtre d'Éluard et de Breton. Dorment-ils, tout habillés qu'ils sont ? Sont-ils morts ? Si le montage des photos d'hommes autour de la femme nue de Magritte illustre, dans *La Révolution surréaliste*, l'enquête sur l'amour que le groupe avait lancée cette année-là, c'est peut-être un autre texte qui en fournit une explication plus immédiate. Il s'agit des *Notes sur la poésie* publiées dans le même numéro de la revue sous la signature conjointe de Breton et Éluard. On y lit notamment ceci :

Dans le poète :
L'oreille rit,
La bouche jure ;

C'est l'intelligence, l'éveil qui tue ;
C'est le sommeil qui rêve et qui voit clair ;
C'est l'image et le phantasme qui ferment les yeux ;
C'est le manque et la lacune qui sont créés.

Dans la mesure où il exploite ce que j'appellerai volontiers la dimension collective de la poétique du masque mortuaire, le montage paru dans *La Révolution surréaliste* **(ill. 10)** met en évidence à quel point le livre de Benkard, avec sa galerie de masques mortuaires, s'est frayé un chemin dans l'imaginaire surréaliste. Tandis que l'historien allemand avait adopté un ordre chronologique, le groupe surréaliste opte pour un schéma alphabétique (même si les noms ne sont pas mentionnés) qui produit cependant le même effet : celui de mettre tous les visages sur un même plan. D'Alexandre (Maxime) en haut à gauche en passant par Aragon (Louis), Breton (André), Dalí (Salvador) et Éluard (Paul), jusqu'à Valentin (Albert) en bas à droite, les visages aux yeux fermés des surréalistes forment ainsi une sorte de cadre à l'intérieur duquel prend place « la femme » que le lecteur est seul à voir.

À côté de cette exploitation collective de la poétique du masque mortuaire, il y a en même temps un usage beaucoup plus personnel du masque, qui donne forme au pacte d'amitié qui lie dans ces années Breton et Éluard. Deux photos, que l'on date habituellement de 1931, en fournissent pour ainsi dire la preuve, puisqu'elles sont liées aux empreintes que l'un et l'autre viennent de faire prélever. Sur la première **(ill. 11)**, qui a probablement été prise par le photographe Marc Vaux dans l'atelier de Breton, au 42 rue Fontaine, on voit les masques respectifs d'Éluard, à gauche, et de Breton, à droite, accrochés face à face, dans l'encadrement extérieur d'une fenêtre. Si ce face-à-face peut être compris dans la perspective d'une complémentarité, voire d'une certaine rivalité entre les deux hommes, l'autre photographie dont j'aimerais parler ici montre au contraire une unanimité certaine. Il s'agit d'un cliché pris par Valentine Hugo à l'été 1931, lors d'un voyage à l'île de Sein, cette fois-ci en compagnie de Nusch et de Sadoul. On y voit Breton et Éluard couchés côte à côte, les yeux fermés, entre les bras d'une ancre de bateau **(ill. 12)**. Que cette photo soit directement liée à l'imaginaire du masque mortuaire est attesté par le fait, tardif il est vrai, que Breton la reprend en 1960 comme illustration de son article consacré au *Phénix du masque*. On y lit, avec une erreur évidente au sujet de la date : « *André Breton et Paul Éluard en posture de gisants, séparés par l'ancre d'un bateau échoué. (île de Sein, 1927).* » En dépit de la rupture entre les deux hommes, survenue en 1938, qui mettra fin à leur échange épistolaire, le masque d'Éluard restera accroché dans l'atelier de Breton au moins jusqu'en août 1944, puisque c'est à cette période, à en croire

Aube Elléouët, la fille de Breton, qu'il a été endommagé, au niveau de la mâchoire droite, par des tirs de balle survenus à la Libération de Paris. Pour un peu, le masque d'Éluard ayant appartenu à Breton aurait lui aussi disparu durant la guerre.

Le sculpteur René Iché, quant à lui, ne semble pas être resté en contact très étroit avec Breton et Éluard, qui ne le mentionnent nulle part. En 1935 on le voit certes à côté d'eux, sur plusieurs photos d'une manifestation antifasciste, mais c'est tout. Son esthétique d'inspiration de plus en plus classique l'éloignera du surréalisme, comme on le constate aisément sur les médaillons qu'il fabrique en 1935 pour honorer Max Jacob, puis Joë Bousquet en 1938. Les masques de résistants qu'il produit entre 1942 et 1943 sont des sculptures, pas des moulages. C'est avec d'autant plus de surprise que j'ai pu découvrir, lors de l'exposition de Roubaix, qu'à l'occasion de sa mort prématurée en 1954, la famille du sculpteur avait demandé à Maurice Guillaume de faire prélever d'Iché un masque mortuaire qui y fut également exposé.

23.

Trois ou quatre ans après avoir fait prendre son masque par René Iché, Breton décide de faire exécuter une seconde empreinte de son visage, cette fois-ci par le sculpteur allemand Paul Hamann. Ce second masque, qui existe au moins en deux versions, en plâtre et en bronze, se trouvait en possession du poète – ou plutôt de ses héritiers – lorsque les objets de son atelier furent vendus aux enchères. Selon le relevé produit à cette occasion, le moulage en plâtre **(ill. 13)**, aujourd'hui conservé à la bibliothèque littéraire Jacques-Doucet, porte, à l'envers, l'inscription « HAMAN [sic] PARIS 33 » – on peut donc partir de l'idée que le masque a bien été produit à Paris, en 1933, et non en 1930 comme on le lit la plupart du temps.

À la suite d'une formation de sculpteur qui l'avait amené à fréquenter pendant quelques mois l'atelier de Rodin en 1913, Paul Hamann fut, après la guerre, l'un des membres fondateurs de la Hamburgische Sezession influencée par le mouvement expressionniste et Dada. Domiciliés d'abord à la colonie d'artistes de Worpswede, près de Brême, Hamann et sa femme Hilde déménagent à la fin des années 1920 à Berlin, où ils s'installeront près de Breitenbachplatz, dans le nouveau quartier des artistes que les Berlinois, jamais à court de moqueries, appellent aussi le « Hungerburg », le château de la faim. Les attaques de plus en plus virulentes des nationaux-socialistes contre cette colonie d'artistes, qui culminent le 15 mars 1933 avec une rafle de la police et des SA lors de laquelle plusieurs intellectuels de gauche sont arrêtés, vont cependant inciter les Hamann, qui sont tous les deux d'ascendance juive, à quitter le pays et à déménager à Paris. Ils s'installeront à la Cité Fleurie, dans le XIIIe arrondissement, où trouvera aussi accueil, à partir de l'année suivante, la Bibliothèque allemande de la liberté qui regroupera notamment des livres proscrits par l'Allemagne nazie. Trois ans plus tard, en 1936, les Hamann quitteront Paris pour s'installer à Londres où le sculpteur avait déjà eu l'occasion d'exposer ses travaux, notamment ses moulages de contemporains illustres.

Depuis 1926, Hamann s'était fait une réputation internationale en inventant une nouvelle procédure pour faciliter le prélèvement d'empreintes faciales sur le vif. Dans le catalogue de l'exposition du sculpteur à la Warren Gallery à Londres en 1930, on apprend ainsi que la préparation inventée par Hamann pour remplacer le plâtre ressemblait « *à de la soupe de tomates* » avec « *une petite odeur de vanille* », mais surtout qu'elle permettait de faire des moulages en seulement quarante minutes – le prélèvement d'un masque en plâtre prenait habituellement jusqu'à deux heures –, sans aucune douleur au moment de l'enlèvement.

Cet avantage considérable est confirmé par un bref inédit d'André Breton, qu'on peut sans doute dater de 1933. Intitulé *Le Masque du jour*, ce texte de une page manuscrite a peut-être été rédigé, en raison de son caractère par moments presque publicitaire, en vue d'une exposition. Breton y discute en détail des avantages de la procédure mise au point par Hamann, dont il s'obstine à écrire le nom de famille avec un seul n, par rapport à la méthode traditionnelle dont il avait lui-même pu « *mesurer l'arbitraire* », quelques années plus tôt, avec Iché : « *On conçoit que cette méthode élémentaire mettait en fort mauvaise posture le patient, contraint de demeurer la tête renversée et les yeux fermés (ce qui, en matière d'expression, aboutissait à une équivoque déplorable entre le sommeil et la veille) et cela sous un poids écrasant de substance d'emblée dépourvue d'élasticité.* » Breton, qui avait une abondante chevelure, semble surtout avoir été gêné par l'aplatissement des cheveux et par la douleur au moment où l'on enlevait l'empreinte : « *L'ourlet de l'oreille comme celui du nez ne pouvaient être que très sommairement esquissés, les cheveux devaient apparaître invariablement plats. L'enlèvement du "négatif" prenait d'autre part, dans ces conditions, les proportions d'une petite catastrophe, trop heureux si l'on en était pour quelques cils en moins et deux ou trois heures de fièvre.* »

Breton se montre très content de la procédure de moulage entreprise par Hamann au moyen d'un savant mélange de cire et de glycérol, qui rend tout graissage et tout rasage du visage superflus. Mais à côté de cet aspect technique, il dit surtout apprécier l'approche psychologique du sculpteur : « *L'accueil de Paul Haman*[n]*, la sûreté de ses gestes, la distribution parfaite de son temps, le souci qu'il a d'éviter* *qu'on perde contact, ne fût-ce qu'un instant, avec le monde extérieur, sont pour rendre très tolérable l'idée de ce singulier petit mur dans lequel on entre et qui ne laisse passer qu'un souffle par les narines, qu'une lueur entre les paupières.* » Hamann avait en outre l'habitude de représenter ses modèles les yeux ouverts, contrairement à ce qu'on faisait le plus souvent pour les moulages en plâtre. Le masque de Breton, comme ceux que le sculpteur effectuera de Brecht, Cocteau, Gide ou Huxley, montrera le poète les yeux ouverts, signalant ainsi clairement qu'il s'agit d'un masque pris sur le vif. Je pense que le titre du texte de Breton, *Le Masque du jour*, désigne cet aspect du moulage, par opposition au « masque de nuit » produit par Iché.

Il existe par ailleurs une série de photos sur lesquelles on voit Paul Hamann enduire de sa préparation les cheveux, puis le visage de Man Ray **(ill. 14)**. Elles ont probablement été prises à la même époque, au début du séjour parisien de Hamann ; il se pourrait même que Man Ray, dont l'atelier se trouvait rue Campagne-Première, à un quart d'heure à peine de la Cité Fleurie, ait suggéré à Breton l'idée de faire prélever son empreinte faciale par le sculpteur allemand. Man Ray, manifestement content de son masque, l'intégra à plusieurs autoportraits et photos de cette époque. L'une, en couleur, fut reprise en frontispice par la revue *Minotaure* en décembre 1933 ; et un autre cliché de la même série, avec un modèle féminin qu'on n'a pas réussi à identifier, figure sur la page de titre de son tout premier ouvrage monographique, *Photographs by Man Ray 1920-1934 Paris*, paru aux États-Unis en 1934.

On sait enfin que c'est toujours en 1933 que Man Ray emmena l'une de ses connaissances, Joella Levy, faire son masque chez Hamann. Un an plus tard, en novembre 1934, ce masque en plâtre devait servir de support à Salvador Dalí lorsque ce dernier exposa ses œuvres à la galerie Julien Levy à New York. À cette occasion, Dalí repeignit entièrement le masque que Hamann avait fait de la jeune femme, créant ainsi sa sculpture-intervention *Tête de Joella* aujourd'hui exposée au musée national Reina Sofía à Madrid.

24.

Des masques mortuaires aux empreintes faciales produites *in vivo*, la période de l'entre-deux-guerres a connu un véritable engouement pour ce genre de pratique. Le plus célèbre de ces masques est sans doute celui de l'Inconnue de la Seine, qui donna lieu à d'innombrables reprises sculpturales, photographiques, littéraires et même cinématographiques. Mais ce (faux) masque mortuaire ne forme pour ainsi dire que la pointe d'un iceberg bien réel, quoique largement oublié – ou vaudrait-il mieux dire refoulé ? En effet, ce sont notamment les espaces culturels germanophones, en l'occurrence l'Allemagne et l'Autriche, qui ont connu ce qu'il faut bien appeler une véritable obsession pour le masque mortuaire durant l'entre-deux-guerres, bien plus que la France ou les pays anglo-saxons où la pratique de prélever de tels masques subsiste certes durant cette période, mais sans qu'on en fasse habituellement grand cas. Que ce soit précisément le masque d'une inconnue qui a reçu en France le plus d'attention est à cet égard significatif. Rappelons que la très grande majorité des masques mortuaires, et cela vaut pour toutes les époques et tous les pays occidentaux, représente des hommes, et plus précisément ceux qu'on considère comme de « grands hommes » : des artistes, des écrivains, des philosophes, des hommes politiques…

Si, à cette époque, on se montre particulièrement friand de tels masques mortuaires, qu'ils soient historiques ou contemporains, cela s'explique peut-être par le besoin, après la Première Guerre mondiale, de disposer (à côté des monuments aux morts omniprésents dont la nouveauté, de part et d'autre de la frontière, consiste désormais à retenir le nom de chaque mort « tombé pour la patrie ») d'une forme de représentation de la mort qui serait au contraire radicalement individualisée. « *Chaque masque mortuaire*, affirme Benkard, *porte sa propre valeur en lui.* » De façon concomitante, la dimension religieuse qui encadrait traditionnellement la mort et lui donnait un sens s'est affaiblie, observe l'historien Reinhart Koselleck : « *Tandis que la production de sens transcendantal de la mort pâlit ou se perd, la demande laïque de représentations de la mort croît.* »

Dans un tel contexte, on ne s'étonnera pas que l'Allemagne de la république de Weimar et l'Autriche aient été marquées tout particulièrement, à la suite de leur défaite militaire de 1918, par le besoin de compenser la mort anonyme de leurs soldats par une forme de représentation permettant de fantasmatiquement conserver l'instant où la vie d'un grand homme bascule vers la mort. Citons encore Benkard : « *Dans la mesure où le masque mortuaire se tient sur le seuil comme un gardien, entre ce que nous appelons vie et ce que nous appelons mort, il restera toujours un objet qui porte en lui un caractère transcendant.* »

Avec l'arrivée au pouvoir des nationaux-socialistes en 1933, puis l'annexion de l'Autriche au Reich en 1938, le culte des grands hommes prendra en Allemagne un tournant encore plus explicitement nationaliste qui affectera aussi la présence des masques mortuaires dans la sphère publique, comme on l'a vu avec le masque de Hegel reproduit dans le *Völkischer Beobachter*. Sous le régime nazi, la collection et l'exposition des masques mortuaires prennent désormais place au sein d'un culte, non de la vie éternelle, mais du sacrifice et de la mort pour la patrie. Ce que l'on reconnaît désormais dans les visages figés des morts célèbres, ce n'est pas tel ou tel individu, mais l'Allemagne à laquelle ils *appartiennent* au sens fort du terme. Ainsi, à la suite de l'assassinat du haut dignitaire de la SS Reinhard Heydrich par des membres de la résistance tchécoslovaque, en juin 1942, on préleva de lui un masque mortuaire pour le faire figurer ensuite sur un timbre-poste du Reich lors de la commémoration de sa mort, en 1943.

25.

Au vu de ce qui précède, on ne s'étonnera pas que les masques mortuaires disparaissent progressivement de la sphère publique après la fin de la Seconde Guerre mondiale. Mais cela ne veut pas forcément dire qu'on n'en fabrique plus. Le livre-catalogue que Maurice Bessy publie en 1981 reproduit ainsi une vingtaine de masques mortuaires, dont ceux d'Artaud (mort en 1948), Claudel (1955), Céline (1961) ou Édith Piaf (1963). Quant au catalogue des Archives de Marbach de 1999, qui contient essentiellement des masques de personnalités allemandes, on y trouve même une majorité de moulages ayant été produits après la guerre : 15 dans les années 1950, 24 dans la décennie suivante, 14 dans les années 1970, quelques autres plus tard encore, comme celui du dramaturge Heiner Müller en 1995.

On observe d'ailleurs que l'usage de faire prélever des masques mortuaires s'est conservé plus longtemps dans les pays sous régime communiste, que ce soit la RDA ou l'Union soviétique, friands de ce moyen de canonisation laïque. À ce qu'il semble, Khrouchtchev serait ainsi le seul dirigeant soviétique, de Lénine à Andropov, à qui l'on aurait refusé une telle marque de reconnaissance.

En ce qui concerne l'Europe de l'Ouest, son rapport aux masques mortuaires semble avoir changé définitivement. L'idée qu'un tel moulage incarne une « face éternelle », qu'il serait apte à donner au spectateur un accès privilégié à la vie spirituelle du défunt, nous semble aujourd'hui absurde et peut-être même dangereuse, comme le souligne le philosophe Karl Jaspers : « *L'idée que ces masques mortuaires nous feraient le moindre signe de l'au-delà de la vie, de l'éternité, ne relève pas seulement de la tromperie, mais elle risque de mettre en péril toute relation authentique aux morts.* » Cet avis tranché n'empêchera cependant guère les héritiers du philosophe de faire prélever son masque mortuaire, qui se trouve aujourd'hui, lui aussi, dans la collection de Marbach. Et celle-ci continue de s'agrandir, comme le montre le catalogue informatique des archives qui indique qu'on a accueilli en 2021 le masque de la traductrice et écrivaine Katja Behrens, morte la même année…

Manifestement, on n'en finit pas si aisément avec la fascination qui émane des masques mortuaires.

Le cas du masque de Hegel me paraît dans ce sens emblématique des ambivalences qui continuent à être les nôtres face à nos morts. André Breton avait vu juste en affirmant que de tels masques « *appellent une confrontation passionnée, presque jalouse, avec l'image que nous gardons ou que nous nous sommes faite d'un être disparu* ». Un masque mortuaire dit sans doute plus de ceux qui le regardent, voire qui le possèdent, que de celui qui y est représenté. Se lancer dans une enquête autour d'un tel masque ne serait alors qu'une autre façon de reconnaître l'empreinte que la mort laisse sur nos vies.

Bibliographie

Catalogues de masques mortuaires

Portraits in Plaster. From the Collection of Laurence Hutton, Harper and Brothers Publishers, New York, 1894.

Ernst Benkard, *Das ewige Antlitz. Eine Sammlung von Totenmasken.* Mit einem Geleitwort von Georg Kolbe, Frankfurter Verlags-Anstalt, Berlin, 1926 (3e édition, 1929). Traduit en anglais sous le titre *Undying Faces. A Collection of Death Masks from the 15th Century to the Present Day*, trad. par Margaret M. Greene, The Hogarth Press, London, 1929.

Richard Langer, *Totenmasken*, Georg Thieme Verlag, Leipzig, 1927.

Egon Friedell, *Das letzte Gesicht*, Orell Füssli Verlag, Zürich/Leipzig, 1929 ; repris par Diogenes Taschenbuch, Zürich, 1984.

Rosemarie Clausen, *Die Vollendeten*, Tazzelwurm Verlag, Stuttgart, 1941.

Max Picard, *Das letzte Antlitz*, Knorr und Hirth, München und Ahrbeck, 1959.

Fritz Eschen, *Das letzte Porträt. Totenmasken berühmter Persönlichkeiten aus Geschichte und Gegenwart*, mit einer Einführung von Karl Jaspers, Haude und Spenersche Verlagsbuchhandlung, Berlin, 1967.

Maurice Bessy, *Mort où est ton visage ?*, Éditions du Rocher, Monaco, 1981.

Stanislaw Rosiek, *Über die Totenmaske. Material zur Bibliographie des Problems*, Gdansk, 1989, et *Totenmaskensammlung der Kunstakademie Düsseldorf*, Gdansk, 1989.

Archiv der Gesichter. Toten- und Lebendmasken aus dem Schiller-Nationalmuseum Marbach. Marbacher Kataloge 53. Hg. von Ulrich Ott und Friedrich Pfäfflin, Marbach am Neckar, s. a. [1999].

Michael Hertl, *Totenmasken. Was vom Leben und Sterben bleibt*, Jan Thorbecke Verlag, Stuttgart, 2002.

Le Dernier Portrait. Catalogue de l'exposition présentée au musée d'Orsay du 5 mars au 26 mai 2002, Éditions de la Réunion des Musées nationaux, 2002.

Articles et documents d'archives

Anon., « Die Totenmasken von Goethe und Kainz. Ein interessanter Urheberrechtsprozeß », *Wiener Allgemeine Zeitung*, 25 octobre 1922, p. 2.

Anon., « Die Totenmasken Kainz' und Goethes. Das Urteil des Landesgerichtes aufgehoben », *Wiener Morgenzeitung*, 24 février 1923, p. 6.

Berlin, Isaiah, « Review of Ernst Benkard, *Undying Faces* », *Oxford Outlook* 10, n° 53, novembre 1930, p. 628-630.

Bohnagen, Alfred, « Die Totenmaske », *Jeversches Wochenblatt*, 23 mars 1927, s. p.

Grözinger, Wolfgang, « Georg Wilhelm Friedrich Hegel. Zum 100. Todestag des grossen Philosophen », texte inédit (vers 1930-1931).

Grözinger, Wolfgang, « Hegel und der Marxismus », thèse de doctorat à la Ludwig-Maximilians-Universität zu München, 1944 (non publiée).

Krieg, Walter, lettre à Georg Kolbe du 20 mars 1933, accessible sur le site du Georg Kolbe Museum, Berlin.

Krieg, Walter, « Gesichtsmasken bekannter Musiker, zu Lebzeiten und nach dem Tode abgeformt. Versuch einer Bibliographie », *Die Musik* XXVII/2 (novembre 1934), p. 100-107.

Oertzen, Augusta von, « "Das letzte Gesicht". Ausstellung von Totenmasken », *Der Führer*, 31 mars 1943, p. 4.

Philippoff, K. von, « Das letzte Gesicht. Der Welt größte Sammlung an Totenmasken in Berlin », *Der Neue Tag*, 17 novembre 1937, s. p.

Studer, Heinrich, « Die Familie Krieg », *Das Antiquariat* 21-24 (novembre/décembre 1951), « Festschrift für Walter Krieg zum 50. Geburtstag », p. 5.

Wiechert, Ernst, « Meine Totenmaske », *Deutsche Allgemeine Zeitung*, 19 janvier 1930, s. p.

Wundt, Max, « Zu Hegels Gedächtnis », *Völkischer Beobachter*, 14 novembre 1931, 1. Beiblatt.

Autres références

Alloa, Emmanuel, « Anblick und Gegenblick. Totenmasken nach Heidegger und Blanchot », in Marco Gutjahr und Maria Jarmer (Hg.), *Von Ähnlichkeit zu Ähnlichkeit. Maurice Blanchot und die Leidenschaft des Bildlichen*, Turia & Kant, Wien, 2016, p. 269-294.

Bailly, Jean-Christophe, *L'Apostrophe muette. Essai sur les portraits du Fayoum*, Éditions Macula, 2023 (1re édition 1997).

Belting, Hans, *Faces. Une histoire du visage*, Gallimard, 2017.

Benjamin, Walter, *Sens unique* [1928], Payot, 2013.

Bitter, Stephan, « Ein baltisches Zeugnis zur Frage nach Hegels Totenmaske », in *Jahrbuch des baltischen Deutschtums*, vol. XXXIII (1986), p. 68-70.

Bousquet, Joë, *Lettres à Carlo Suarès*, Rougerie, Limoges, 1973.

Bozal, Valeriano, « Retrat de Joella », *Revista de Girona* 222 (2004), p. 71-75.

Breton, André, *Œuvres complètes*, éd. par Marguerite Bonnet *et alii*, 4 vol., Gallimard, coll. « Bibliothèque de la Pléiade », 1988-2008.

Breton, André – Paul Éluard, *Correspondance 1919-1938*, éd. par Étienne-Alain Hubert, Gallimard, 2019.

Breton, André – Simone Breton, *Au grand jour. Lettres (1920-1930) – un album*, éd. par Katia Sowels et Jules Colmart, Éditions Rue d'Ulm/Presses de l'École normale supérieure, 2020.

Canetti, Elias, *Histoire d'une vie. Le Flambeau dans l'oreille*, trad. par Michel-François Demet, Albin Michel, 1982.

Crowley, Patrick R., « Roman Death Masks and the Metaphorics of the Negative », *Grey Room* 64 (été 2016), p. 64-103.

Desnos, Robert, *Œuvres*, éd. par Marie-Claire Dumas, Gallimard, coll. « Quarto », 2003.

Didi-Huberman, Georges, *La Ressemblance par contact. Archéologie, anachronisme et modernité de l'empreinte*, Éditions de Minuit, 2008.

Döblin, Alfred, « Von Gesichtern Bildern und ihrer Wahrheit », in August Sander, *Antlitz der Zeit* [1929], Schirmer-Mosel, München, 1983.

Éluard, Paul, *Œuvres complètes*, éd. par Marcelle Dumas et Lucien Scheler, 2 vol., Gallimard, coll. « Bibliothèque de la Pléiade », 1968.

Éluard, Paul, *Lettres à Joë Bousquet*, éd. par Lucien Scheler, Les Éditeurs français réunis, 1973.

Éluard, Paul, *Lettres à Gala 1924-1948*, éd. par Pierre Dreyfus, Gallimard, 1984.

Gateau, Jean-Charles, *Paul Éluard ou le Frère voyant*, Robert Laffont, 1988.

Goethe, Johann Wolfgang, *Sämtliche Werke, Briefe, Tagebücher und Gespräche, II. Abteilung, Band 7 (34) : Napoleonische Zeit. Briefe, Tagebücher und Gespräche vom 10. Mai 1805 bis 6. Juni 1816, Teil II : Von 1812 bis zu Christianes Tod*, hg. von Rose Unterberger, Deutscher Klassiker Verlag, Frankfurt am Main, 1994.

Goethe, Johann Wolfgang von, *Voyage en Italie*, trad. de l'allemand par Jacques Porchat, révisé par Jean Lacoste, Paris, Bartillat, 2003.

Grözinger, Wolfgang, *Panorama des internationalen Gegenwartsromans. Gesammelte "Hochland"-Kritiken 1952-1965*, hg. von Erwin Rotermund und Heidrun Ehrke-Rotermund, Schöningh Verlag, Paderborn, 2004.

Hegel, Georg Wilhelm Friedrich, *Phénoménologie de l'esprit*, trad. par Jean-Pierre Lefebvre, GF Flammarion, 2012.

Heidegger, Martin, *Logik. Die Frage nach der Wahrheit. Gesamtausgabe*, vol. XXI, hg. von Walter Biemel, Vittorio Klostermann, Frankfurt a. M., 1995.

Hotho, Heinrich Gustav, *Vorstudien für Leben und Kunst*, Cotta, Stuttgart / Tübingen, 1835.

Jankélévitch, Vladimir, *La Mort*, Flammarion, 1966.

Jaspers, Karl, « Das letzte Porträt », in Fritz Eschen, *Das letzte Porträt*, 1967, p. 5-11.

Jenny, Laurent, *Je suis la révolution. Histoire d'une métaphore (1830-1975)*, Belin, coll. « L'extrême contemporain », 2008.

Kaube, Jürgen, *Hegels Welt*, Rowohlt, Berlin, 2020.

Koselleck, Reinhart, *Geronnene Lava. Texte zu politischem Totenkult und Erinnerung*, Suhrkamp, Berlin, 2023.

Kremb, Jens, « Die verlorene "Galerie bedeutender Zeitgenossen" – Lebendmasken von Paul Hamann und eine wiederentdeckte Büste des John Heartfield », http://archiv.ub.uni-heidelberg.de/artdok/volltexte/2015/3029

Lavater, Johann Caspar, *Physiognomische Fragmente, zur Beförderung der Menschenkenntniß und Menschenliebe,*

vol. IV, Weidmann und Reich / Steiner, Leipzig / Winterthur, 1778.
Lichtenberg, Georg Christoph, *Über Physiognomik ; wider die Physiognomen*, Dieterich, Göttingen, 1778.
Lilti, Antoine, *Figures publiques. L'invention de la célébrité 1750-1850*, Fayard, 2014.
Lista, Giovanni, « L'Inconnue de la Seine. Un plâtre de René Iché », *Ligeia* 141-144 (2015), p. 21-32.
Minotaure 3-4 (décembre 1933).
Nancy, Jean-Luc, *Au fond des images*, Galilée, 2003.
Nicolin, Günther (Hg.), *Hegel in Berichten seiner Zeitgenossen*, Meiner, Hamburg, 1970.
Peters, Friedrich Ernst, *Totenmasken*, Frankfurter Verlags-Anstalt, Berlin, 1934.
Pierre, José, *Tracts surréalistes et déclarations collectives*, vol. I (1922/1939), Éric Losfeld, 1980.
Pointon, Marcia, « Casts, Imprints, and the Deathliness of Things : Artifacts at the Edge », *The Art Bulletin* 96 : 2 (2014), p. 170-195.
Rave, Paul O., « Die Lessingbüste von Christian Friedrich Krull », *Berliner Museen* 1 : 3-4 (1951), p. 43-48.
Regener, Susanne, « Totenmasken », *Ethnologia Europaea* 23 (1993), p. 153-170.
René Iché (1897-1954). L'art en lutte, catalogue de l'exposition à La Piscine – musée d'Art et d'Industrie André-Diligent de Roubaix, Éditions Snoeck, Gand, 2023.
Renneville, Marc, *Le Langage des crânes. Histoire de la phrénologie*, Éditions La Découverte poche, 2020.
La Révolution surréaliste, n° 12 (15 décembre 1929).

Rosenkranz, Karl, *Georg Wilhelm Friedrich Hegels Leben*, Wissenschaftliche Buchgesellschaft Darmstadt, 1977.

Schumm, Karl, *Bildnisse des Philosophen Georg Wilhelm Friedrich Hegel*, Klett, Stuttgart, 1974.

Sebbag, Georges, *Potence avec paratonnerre. Surréalisme et philosophie*, Hermann, 2012.

Stubbs, Jeremy, « Surrealism and the Death Mask », in Martin Crowley (Ed.), *Dying Words. The Last Moments of Writers and Philosophers*, Rodopi, Amsterdam & Atlanta, 2000, p. 69-93.

Le Surréalisme au service de la révolution, n° 3 (décembre 1931).

Tussaud, Marie, *Mémoires et souvenirs sur la Révolution française, recueillis par Francis Hervé*, traduits et présentés par Nicole Vallée, Arléa, 2005.

Valette, Robert D., *Éluard. Livre d'identité*, Tchou éditeur, 1967.

The Warren Gallery, Exhibition XV, Mask Portraits by Paul Hamann, London, 1930.

Woolf, Virginia, « Waxwork at the Abbey », in *The Essays of Virginia Woolf*, vol. IV (1925-1928), éd. par Andrew McNeillie, The Hogarth Press, London, 1994, p. 540-542.

Remerciements

Les institutions suivantes m'ont été d'un grand soutien lors de ma recherche : les Archives littéraires allemandes de Marbach, notamment Sabine Fischer, Rosemarie Kutschis et Holger Pfeiffer ; les Archives de la ville et de la région de Vienne ; l'université Ludwig Maximilian de Munich ; la Staatsbibliothek de Berlin, en la personne de son directeur Achim Bonte ainsi que Martin Hollender.

Je remercie toutes les personnes, collègues et amis qui ont accompagné cette enquête à ses différents stades : Emmanuel Alloa, Jürg Berthold, Stephan Bitter, Maxime Cartron, Bernard Comment, Jacqueline Derrer, Fabien Dubosson, Heidrun Ehrke-Rotermund, Jean-Pierre Ferrini, Marco Früh, Julia Gelshorn, Rose-Hélène Iché, Kira Kaufmann, Johannes Keller, Frank Lestringant, Till Van Rahden, Peter Schnyder, Verena Vorbach (née Grözinger) et Siegfried Weichlein.

Crédits

Illustrations 1 et 2 : « Georg Wilhelm Friedrich Hegel 1770-1831 », in *Das ewige Antlitz*, Ernst Benkard, 1929, © Frankfurter Verlags-Anstalt.

Illustration 3 : « L'Inconnue de la Seine », in *Das ewige Antlitz*, Ernst Benkard, 1929, © Frankfurter Verlags-Anstalt.

Illustration 4 : « Bildnis des Philosophen Georg Wilhelm Friedrich Hegel », Jakob Schlesinger, 1831, © Photo12/ Heritage Images/ Fine Art Images.

Illustration 5 : « Die unbekannte Frau von Schlettstadt (L'Inconnue de Sélestat) », in *Das ewige Antlitz*, Ernst Benkard, 1929, © Frankfurter Verlags-Anstalt.

Illustration 6 : « Georg Wilhelm Friedrich Hegel (1771-1831) », in *Le Surréalisme au service de la Révolution*, n° 3, décembre 1931.

Illustration 7 : « Zu Hegel Gedächtnis », in *Völkischer Beobachter*, n° 318, Max Wundt, 14 novembre 1931.

Illustration 8 : « Masque de Paul Éluard », René Iché, 1929, © Succession ARTISTE, courtesy Association Atelier André Breton.

Illustration 9 : « Masque en plâtre d'André Breton », René Iché, © Succession ARTISTE, courtesy Association Atelier André Breton.

Illustration 10 : « Je ne vois pas la femme cachée dans la forêt », René Magritte, in *La Révolution Surréaliste* n° 12, 15 décembre 1929.

Illustration 11 : « Masques en plâtre d'André Breton et Paul Éluard », René Iché, © Succession ARTISTE, courtesy Association Atelier André Breton.

Illustration 12 : « Paul Éluard et André Breton à l'île de Sein », Valentine Hugo, 1931, photographie, © Musée d'art et d'histoire Paul Éluard, Saint-Denis. Cliché : I. Andréani.

Illustration 13 : « Masque d'André Breton », Paul Hamann, 1933, © Succession ARTISTE, courtesy Association Atelier André Breton.

Illustration 14 : « The Life Mask », Man Ray, 1933, © Man Ray Trust ARS-ADAGP ; The J. Paul Getty Museum, Los Angeles.

Dans la même collection

Chloé Delaume, *Une femme avec personne dedans*
Gérard Genette, *Apostille*
Julien Péluchon, *Pop et Kok*
Maryline Desbiolles, *Dans la route*
Xabi Molia, *Grandeur de S*
Alain Veinstein, *Scène tournante*
Éric Nonn, *Par-delà le Mékong*
Emmanuel Loi, *Le Jeu de Loi*
Mauricio Ortiz, *Du corps*
Marilyn Monroe, *Girl Waiting*
Patrick Deville, *Peste & Choléra*
François Bon, *Autobiographie des objets*
Charly Delwart, *Citoyen Park*
Olivier Rolin, *Circus 2. Romans, récits, articles (1999-2011)*
Thomas Pynchon, *V*
Thomas Pynchon, *L'homme qui apprenait lentement*
Jocelyn Bonnerave, *L'Homme bambou*
Alain Mabanckou, *Lumières de Pointe-Noire*
Philippe Artières, *Vie et mort de Paul Gény*
Tiphaine Samoyault, *Bête de cirque*
Sophie Maurer, *Les Indécidables*
Norman Manea, *La Cinquième Impossibilité*
Jean-Christophe Bailly, *La Phrase urbaine*
Benoît Casas, *L'Ordre du jour*
Kevin Orr, *Le Produit*
Chantal Thomas, *L'Échange des princesses*
François Bon, *Proust est une fiction*
Chloé Delaume et Daniel Schneiderman, *Où le sang nous appelle*
Maryline Desbiolles, *Vallotton est inadmissible*
Emmanuel Loi, *Marseille amor*
Thomas Pynchon, *Vineland*
Thomas Pynchon, *Vente à la criée du lot 49*

René Crevel, *Les Inédits*
Maryline Desbiolles, *Ceux qui reviennent*
Frédéric Werst, *Ward* III*e siècle*
Kjersti A. Skomsvold, *La Vie au ralenti*
Julien Decoin, *Un truc sauvage*
Gérard Genette, *Épilogue*
Jean Hatzfeld, *Récits des marais rwandais*
Viviane Forrester, *Van Gogh ou l'enterrement dans les blés*
Raphaëlle Eschenbrenner, *Exil à Spanish Harlem*
Karine Miermont, *L'Année du chat*
Catherine Millet, *La Vie sexuelle de Catherine M.*
Patrick Deville, *Viva*
Thomas Pynchon, *Fonds perdus*
Arnaud Delrue, *Un été en famille*
Antoine Volodine, *Terminus radieux*
Patrick Deville, *Sic transit*
Olivier Rolin, *Le Météorologue*
France (s) territoire liquide, collectif
Alain Veinstein, *L'Introduction de la pelle*
Thierry Clermont, *San Michele*
Patrice Pluyette, *La Fourmi assassine*
Charly Delwart, *Chut*
Tiphaine Samoyault, *Roland Barthes*
François Chaslin, *Un corbusier*
Julien Péluchon, *Kendokei*
Jean-Marie Gleize, *Le Livre des cabanes*
Christian Thorel, *Dans les ombres blanches*
Roland Barthes, *Album. Inédits, correspondances et varia*
Chantal Thomas, *Pour Roland Barthes*
Maryline Desbiolles, *Le Beau Temps*
Alain Mabanckou, *Petit Piment*
Roland Barthes, *L'Empire des signes*
Philippe Sollers, *L'Amitié de Roland Barthes*
Olivier Rolin, *À y regarder de près*
Charles Robinson, *Fabrication de la guerre civile*

Autour d'*Émile Benveniste*, collectif
Alain Veinstein, *Venise, aller simple*
Xavier Girard, *Louise Bourgeois face à face*
Philippe Artières, Au fond
Deville & Cie. Rencontres de Chaminadour, collectif
Henri-Alexis Baatsch, *La Fin de la société carbonifère*
Éric Hazan, *Une traversée de Paris*
Jean-Christophe Bailly, Éric Poitevin, *Le Puits des oiseaux.*
Gigi Riva, *Le Dernier Penalty. Histoire de football et de guerre*
Denis Roche, *La Disparition des lucioles. Réflexions sur l'acte photographique*
Chloé Delaume, *Les Sorcières de la République*
Stéphane Audeguy, *Histoire du lion Personne*
Jacques Henric, *Boxe*
Gérard Genette, *Postscript*
Roland Barthes, *Cy Twombly*
Michel Braudeau, *Place des Vosges*
Xabi Molia, *Les Premiers. Une histoire de super-héros français*
Julien Decoin, *Soudain le large*
Evguénia Iaroslavskaïa-Markon, *Révoltée*
Amélie Lucas-Gary, *Vierge*
Alain Veinstein, *Papiers peints*
Sally Bonn, *Les Mots et les Œuvres*
Fabrice Gabriel, *Une nuit en Tunisie*
Patrick Deville, *Taba-Taba*
Chantal Thomas, *Souvenirs de la marée basse*
Stéphane Audeguy, *Une mère*
Marc Riboud, *La Jeune Fille à la fleur. Histoire d'une photographie par Philippe Séclier*
Anne Carson, *Atelier Albertine. Un personnage de Proust*
Serge Toubiana, *Le Temps de voir*
Gabrielle Schaff, *Passé inaperçu*
Jean-Christophe Bailly, *Un arbre en mai*
Rinny Gremaud, *Un monde en toc*
Julien Péluchon, *Prends ma main Donald*

Marina Skalova, *Exploration du flux*
Jean-Marie Gleize, *Trouver ici. Reliques & lisières*
Alain Mabanckou, *Les cigognes sont immortelles*
Fanny Taillandier, *Par les écrans du monde*
Patrice Pluyette, *La Vallée des Dix Mille Fumées*
Jean-Christophe Bailly, *Saisir. Quatre aventures galloises*
Leonard Cohen, *The Flame*
Pascal Quignard, *Angoisse et beauté*
Alain Fleischer, *Le Récidiviste*
Antoine Volodine, *Frères sorcières*
Jean-Pierre Martin, *Real Book*
Claire Richard, *Les Chemins de désir*
Chloé Delaume, *Mes bien chères sœurs*
Chantal Thomas, *East Village Blues (avec les photos d'Allen S. Weiss)*
Kaouther Adimi, *Les Petits de Décembre*
Julien Decoin, *Platines*
Patrick Deville, *Amazonia*
Patrick Deville, *L'Étrange Fraternité des lecteurs solitaires*
Bulle Ogier avec Anne Diatkine, *J'ai oublié*
Olivier Assayas et Raymond Depardon, *LA 82*
Jean-Marie Gleize, *Denis Roche. Éloge de la véhémence*
Denis Roche, *À Varèse. Un essai de littérature arrêtée*
Denis Roche, *Temps profond. Essais de littérature arrêtée 1977-1984*
Stéphane Audeguy, *Histoire d'amour*
Amélie Lucas-Gary, *Hic*
Alain Veinstein, *À n'en plus finir*
Jean-Christophe Bailly, *L'Imagement*
Tiphaine Samoyault, *Traduction et violence*
Thierry Clermont, *Barroco bordello*
Chantal Thomas, *Café Vivre. Chroniques en passant*
Chloé Delaume, *Le Cœur synthétique*
Lucy Ellmann, *Les Lionnes*
Sandra Lucbert, *Personne ne sort les fusils*
Xabi Molia, *Des jours sauvages*
Muriel Pic, *Affranchissements*

Patrick Boucheron, Bruno Allary, Isabelle Courroy, *Contretemps*
Stéphanie Solinas, *Guide du Pourquoi Pas ?*
Rainer Maria Rilke, *Lettres à un jeune poète*
Roland Barthes, *Marcel Proust. Mélanges*
Leonard Cohen, *Livre de la Miséricorde*
Anthony van den Bossche, *Grand Platinum*
Maryline Desbiolles, *Le Neveu d'Anchise*
Audrey Gaillard, *Justaucorps*
Gérard Garouste, Catherine Grenier, *Vraiment peindre*
Jean-Christophe Bailly, *Jours d'Amérique (1978-2011)*
Patrick Deville, *Fenua*
Éric Marty, *Le Sexe des Modernes. Pensée du Neutre et théorie du genre*
Fanny Taillandier, *Farouches*
Antoine Volodine, *Les Filles de Monroe*
Patrick Deville, *Le Tapis volant de Patrick Deville. Entretien sur l'écriture avec Pascaline David*
Perrine Lamy-Quique, *Dans leur nuit*
Jacques Henric, *La Nuit folle*
Léo Aupetit, Robin Leforestier, Lutèce Mauger, *Bande organisée*
Stéphane Audeguy, *Dejima*
Christophe Fiat, *Développement du sensible*
Laura Tinard, *J'ai perdu mon roman*
Maryline Desbiolles, *Charbons ardents*
Lucy Ellmann, *Les choses sont contre nous*
Etel Adnan, Laure Adler, *La Beauté de la lumière*
Antonio Tabucchi, *Écrire à l'écoute. Dialogues avec Bernard Comment*
Claro, *Sous d'autres formes nous reviendrons*
Alain Veinstein, *Poursuivre*
Jean-Christophe Bailly, *Une éclosion continue. Temps et photographie*
Chantal Thomas, *Journal de nage*
Diaty Diallo, *Deux secondes d'air qui brûle*
Kaouther Adimi, *Au vent mauvais*
Alain Mabanckou, *Le Commerce des Allongés*
Annette Wieviorka, *Tombeaux. Autobiographie de ma famille*

Gérard Garouste, Olivier Kaeppelin, *Le Banquet de Garouste. Autour d'un triptyque*
Patrice Pluyette, *Film fantôme*
Julien Decoin, *Temps calme, pleine tempête*
Virginie Poitrasson, *Tantôt, tantôt, tantôt*
Hans Ulrich Obrist, *Une vie in progress*
Philippe Forest, *Rien n'est dit. Moderne après tout*
Chantal Thomas, *D'un éventail à la Coupole*
Chloé Delaume, *Pauvre folle*
Patrick Deville, *Samsara*
Lisette Lombé, *Eunice*
Stéphanie Solinas, *L'Être plus. Itinéraire pour devenir soi-même*
Nathalie Piégay, *3 Nanas*
Hans Ulrich Obrist, *Les Conversations du Louvre*
Lou Reed, *Je serai ton miroir*
Antoine Volodine, *Vivre dans le feu*
Pascal Quignard, *Compléments à la théorie sexuelle et sur l'amour*
Leonard Cohen, *Un ballet de lépreux*
Jean-Christophe Bailly, *Temps réel*
Barbara Chase-Riboud, *J'ai toujours su*
Margarete Buber-Neumann, *Milena*
Chantal Thomas, *Journal d'Arizona et du Mexique*
Édouard Glissant, archives Hans Ulrich Obrist, *Dans un monde imprévisible, l'utopie est nécessaire*
Ulysse à Paris, collectif
Christine Barthe, *Ce que dit Lucie*
Anouk Schavelzon, *Le bleu n'abîme pas*
Donatien Grau, *Un autoportrait*
Clémentine Vergnaud, *Le Journal de Clémentine*
Patrick Deville, *Saint-Nazaire*
Juliet Drouar, *Cui-Cui*
Stéphane Audeguy, *L'Avenir*

RÉALISATION : NORD COMPO À VILLENEUVE-D'ASCQ
IMPRESSION : NORMANDIE ROTO IMPRESSION S.A.S. À LONRAI
DÉPÔT LÉGAL : JANVIER 2025. N° 156912 (2405480)
IMPRIMÉ EN FRANCE